にっぽん企業家烈伝

村橋勝子

日経ビジネス人文庫

まえがき

「企業家」とはどんな人を指すのか。『広辞苑』をひいてみれば「営利のため、自ら経営・指揮の任に当って生産を行う人。企業の経営者」とある。しかし、これではちょっと物足りない。私の思い描く「企業家」から遠い。

〝企業家〟は、出世競争に勝ち抜いて会社の高い地位に就いた者でも、単なる〝勝ち組〟でもない。ましてや、会社を興しても、「金を儲けてどこが悪い」とのたまう人間でもない。

私は「事業活動を通じて、物心両面において人々の生活に繁栄・向上・幸福をもたらした人」を「企業家」と呼びたい。換言すれば、〝本業において多大なる社会貢献を成し遂げた人〟である。その多くは創業者に見られるとはいえ、必ずしも創業者に限らない。いわゆるサラリーマン経営者であっても、トヨタ自動車三代目の社長・石田退三や蛇の目ミシンの嶋田卓彌を取り上げたのは、そんな理由からである。

本書で紹介した企業家たちに共通するのは、社会に対する使命感と高い志、先見性と明確な目的意識、自助自立の精神、絶えざる創意工夫である。果敢に目標に挑み、自らの信念に基づき、なすべきときに決断している。常に経営者としての責任を自覚し、果たしている潔《いさぎよ》さもある。「稼ぐ、儲かる」は結果であって、目的ではない。昔、特に日本に近代企業が誕生した明治時代は「経営者」イコール「企業家」であった。しかし、近年の〝起業〟や〝経営〟は、「ビジネスチャンス」つまり〝儲ける〟ことが目的化していることに大いに疑問を感じる。日本はいつから「カネ、カネ、カネ」の風潮に染まってしまったのだろう。

社会が成熟化し、豊かになり、企業も巨大化した現在、一人一人は組織の歯車またはタコ壺的専門家にならざるを得ず、真の企業家が生まれる余地はもうないように感じなくもない。しかし、昭和の時代にも優れた企業家が生まれていることでもわかる通り、発想・着眼のユニークさ、そして強い思いが企業家誕生の要因のように思う。

本書で取り上げた人々はどの方も魅力的で、書きながら、私自身が多くのことを教えられ、また、元気をいただいた。

私は、ふとしたきっかけから社史に関心を持ち、日本の既刊社史のうち約一万点に目を通し、さまざまな面から観察・分析して、『社史の研究』（ダイヤモンド社、二〇〇三年）にまとめた。どの社史も、〝創業期〟は面白い。創業者など、人間が具体的に詳しく書いてあるからである。以来、会社の歴史と並んで、経営者、特に企業家と呼ぶべき人々に強く惹かれるようになった。ちょうどそんな頃、財団法人中小企業災害補償共済福祉財団（通称／あんしん財団）の広報誌『あんしんＬｉｆｅ』（二〇〇三年四月までの誌名は『さやか』）から「企業家列伝」執筆の依頼があった。

本書は、私の関心の趣くまま人物を選んで、二〇〇二年一一月から二〇〇六年四月まで連載した「決断のとき―企業家列伝」を一部リライト・加筆して、日経ビジネス人文庫用に編集したものである。全体を五章に分け、各章の終わりに、同じ雑誌に二〇〇六年五月から一年間連載した「経営の神髄～名訓に学ぶ」から五人を選んで、コラム風に添えた。

浅学非才の私に企業家のことを書く機会を与え、三年半にわたって連載させてくださったあんしん財団、原稿をチェックしてくださった各社の広報担当者の方々、そして、文庫化に際してご尽力くださった日本経済新聞出版社の白石賢日経ビジネス人文庫編集長と梶原千恵氏に心からお礼申し上げる。

二〇〇七年九月

村橋　勝子

＊本書登場人物の敬称は省略させていただいた。
＊明治以降、第二次世界大戦後の新学制になるまでの「中学校（五年）」は、現在の義務教育における「中学校」とはかなり違う。「エリート育成のための学校」というべきレベルであった。

にっぽん企業家列伝◉目次

I 進取

Ⅱ 使命

Ⅲ 再興

Ⅳ 絆

V 昭和の独創

I

進取

陶器商人から菓子職人へ アメリカで修業、西洋菓子を普及

森《もり》永《なが》太《た》一《いち》郎《ろう》【森永製菓／創業者】

〝エンゼルマーク〟とともに一〇〇余年の歴史を歩んできた森永製菓。同社は明治三二（一八九九）年、アメリカ修業を終えた森永太一郎が東京・赤坂に「森永西洋菓子製造所」の看板を掲げたのが始まりだった。マークに込めた「おいしく、楽しく、すこやかに」の企業理念は今も変わらず生き続けている。

父母を失い、親類の家を転々
祖母の教訓と叔父の商人魂

焼物で知られる佐賀県伊万里。森永家は代々町有数の陶器問屋で、伊万里湾の漁業権を持つ網元でもあった。しかし、慶応元（一八六五）年六月一七日生まれの太一郎には素封家《そほうか》の出という記憶はない。祖父が魚問屋と網元の元締株を義弟に譲り、父の代で陶器の事業も不振に陥ったうえ、六歳の時に父が病死、母は再婚して孤児となったからである。

そんな太一郎をやさしい中にも凛と見守ってくれたのは祖母のチカだった。ある日、道で一銭銅貨を拾って懐に入れた太一郎にチカは言った。

「世の中でお金ほど役に立つものはない。でも、自分で汗水流して手に入れてこそ値打ちを持つんだよ」

この言葉は太一郎終生の教訓となった。

親戚の家を転々としてろくに学校へも行けなかったが、一二歳でようやく近所の塾に住み込んで、働きながら学問の手ほどきを受けた。

一三歳の春、叔父の陶器商・山崎文左衛門に引き取られたことが、太一郎に大きな転機をもたらした。文左衛門は裸一貫から伊万里屈指の財産家にのし上がったが、私財をなげうって公共事業に尽くし、町民から信望が厚い人物だった。太一郎を心から可愛がる一方、厳しく教育した。

「商人は金の大切さを身をもって知ることだ。これで何か商売をしてみろ」

天秤棒とザルと桶を添えて五〇銭渡された太一郎は、翌早朝、家を飛び出すとコンニャク売りを始めた。「コンニャク〜、コンニャク〜や〜」。声を大きくすればするほど買手がつく。「何を売っているか、まずお客にわかってもらうことが大事なんだな」。後に太一郎が広告を重視した根源は、この行商の経験にあった。

野菜も売るようになって、元手の五〇銭が一円、五円、一〇円となり、太一郎は商売の面白さを実感した。町を歩くと、祖父の代までは森永家のものだった家や土地が随所にある。「いつか俺が全部取り戻してみせる」。そんな思いを強くした。

やがて文左衛門の仕事を手伝うようになった。無学で字が書けない叔父は、出荷状の文句を口授したが、太一郎は、口述筆記した文言を納得がいくまで書き直した。取引先に与える印象を左右すると思ったからだ。

太一郎は、文左衛門のもとで、「不正直なもの、粗末な商品に手をつけてはならない」「いったん適正な売価をつけたら、その値を下げてはいけない」「事業は一〇年を一期と定め、急がず堅実にせよ」など、多くの教訓を得た。

明治一六（一八八三）年、東京出張を命じられ、そのまま横浜の陶器貿易商「有田屋」に送り込まれた。働き甲斐のある場を得た太一郎は真価を発揮、毎月二万円もの商いをこなすまでになり、二〇歳を迎えた明治一七年の春には主人の媒酌で四歳年上の小坂セキと結婚、まさに順風満帆の感があった。

金策に失敗、郷里から横浜へ無銭旅行
苦境に陥った旧主のため、渡米を決意

ところが翌明治一八年、不況の影響で有田屋の経営状態が急激に悪化、支配人格だった太一郎は新妻を連れて金策のため伊万里に帰った。しかし、叔父にも余裕はなく、親戚からは「ゼニを乞いにくるとは恥知らず」と説教される始末。途方にくれる太一郎を妻は「二人で最初から出直しましょう」と気丈に励ました。

わずかに残った金で神戸までたどり着いたが、その先は野宿をしながらの徒歩旅行。大垣の町外れまで来た時、ついにセキが倒れてしまった。道端で困り果てていると「う

ちに来なされ」と一人の農夫に声をかけられ、食事や風呂を恵まれた。翌朝、見違えるように元気になった二人に、握り飯といくばくかの金まで包んでくれた。「成功したら必ず恩返しを……」。所番地を手帳に書き付け、太一郎は心に誓った。

数日後、三島を過ぎた夜半、無人の掛茶屋で休んでいると、月明かりの中にとうもろこし畑が見える。思わず一〇本ばかりもぎ、焼いて食べたが、これがいつまでも太一郎を苦しめる汚点になった。翌日、箱根の山を越えた時、手帳や財布がないことに気づいたのだ。「あの畑の中で落としてしまったのだ」。功成り名を遂げた後年、茶屋があった錦田村の村長に手紙を書いて手帳と財布の探索を依頼したが、ついに発見できなかった。

辛酸をなめた旅を終えて横浜に戻ってみると、有田屋はすでに廃業して主人の行方もわからない。同業の道谷《どうや》商店主に誘われ、住み込み店員となった。

当時、横浜では商売上のヤミ取引や謀略が横行、番頭たちは営業を名目に派手な接待を繰り返していた。太一郎がその無駄を説いてもいっこうに聞き入れない。得意先も不安がって徐々に道谷商店から離れていった。

太一郎の才腕を見込んでいた「綿平《きんぺい》」という九谷焼の大荷主から「横浜に支店を出すから任せたい」と頼まれたのはそんな時だ。道谷商店主の同意を得て引き受けたが、太一郎が去った道谷の濫費はさらに激しくなって、ついに倒産寸前に陥り、思い余った店主が太一郎に泣きついてきた。

夜も寝ずに再建策を検討した太一郎の結論は「アメリカで日本の陶器を売ろう」だった。商品を船に積み込み、単身サンフランシスコに渡ったのは、明治二一（一八八八）年七月、太一郎二四歳の時であった。

しかし、片言の英語も覚つかず、商売にならない。道谷からは電報で矢のような催促がくる。結局、ほとんどの品をただ同然で叩き売る結果となってしまった。

売上金を送金した後の太一郎は無一文だ。絶望的な気持ちで公園のベンチに座っていると、キャラメルの小さな包み紙が目にとまった。

「これだ！　洋菓子の作り方を勉強して日本で製造しよう！」

雷に打たれたようなインスピレーションを感じた。

再度渡米で本格的に修業の道へ　不屈の闘志で一人前の職人に

菓子職人を志したものの、当時、有色人種を雇う菓子工場は皆無。当初は、庭園や農園の仕事、皿洗いなど、低賃金労働に就くのがやっとであった。そんな中、オークランドで雑役夫として雇ってくれた老夫婦の影響で、太一郎は熱心なクリスチャンとなり、洗礼を受けた。そして「故郷の人たちにこの教えを広めたい」と矢も盾もたまらず、明治二三（一八九〇）年夏に帰国した。

しかし、伊万里では「立派な商人になって帰ってくると思っていたのに、バテレンで人をたぶらかすとは」と、誰も相手にしてくれない。布教を断念した太一郎は、二年ぶりに会った妻・セキの「立派な製菓技術を身につけてきてください。何年でも待っています」という言葉だけを支えに、再び船で太平洋を渡った。

再渡米後も相変わらず薄給の長時間労働だったが、ホームベーカリーで働ける機会を得て、菓子づくりに縁があるというだけで嬉しく、懸命に働いた。そんな太一郎に周りも次第に心を開き、パンやケーキづくりの助手に使ってくれるようになった。

ベーキングパウダーの調合、フルーツジャムの製法、パイやドーナッツの製造と、砂に水が染み込むように技術を吸収していく太一郎に、「君は立派な腕を持っている。人が三年かかるところを一年でマスターできるよ」と皆感じ入った。

ある時、知人が「オークランドのブルーニング・キャンデー工場で人を募集しているよ」と言う。カリフォルニアでは有名な店だ。「これこそ神の恵み」とすぐに同社を訪れた。

「仕事といっても掃除夫ですよ」

「結構です。朝は早出《はやで》し、夕方は遅くまで掃除をします。ですから、日中はキャンデーづくりを手伝わせてください」

熱心に頼み込む太一郎を、ブルーニング社長は喜んで雇ってくれた。これが後に「日本の西洋菓子の父」となる森永太一郎を育てたブルーニング夫妻との出会いだった。

工場には若い男女が大勢働いていたが、白人ばかりだ。「黄色人種と一緒に働かせるとは、我々を侮辱している」「ジャップなんかに教えるな」。あからさまな偏見と差別の中で骨身を惜しまず働いていると、一週間後、社長に呼ばれた。

「これから君を職人として雇おう。アイスクリームの製法を教えるからやってみないかね」

日本では見たこともない氷の菓子だ。喜びで震えた。皆からの風当たりはますます強くなったが、太一郎はそれに耐えてめきめき腕をあげ、菓子製法のほとんどを修得していった。当時の過酷な仕事ぶりは、太一郎自身が後に「よくもあれだけ働けたものだ」と述懐したほどだ。

帰国して西洋菓子製造所を開設
〝売る〟難しさを実感

「そろそろ日本に帰りたい」と帰国の決意を打ち明けると、ブルーニングは二つのアドバイスをくれた。

「卸し専門の店から始めなさい。そうすれば場所を選ばず、家賃も安く済む」

「持っている金の三分の一で始め、軌道に乗ったら次の三分の一を運転資金に回す。あとは、いざという時のために残しておくこと」

明治三二（一八九九）年六月下旬、横浜港に着いた。初渡米から一二年、太一郎は三五歳になっていた。二カ月後、東京・赤坂溜池にわずか二坪のあばら家を借りて、「森永西洋菓子製造所」を開いた。アメリカ帰りとは思えない粗末さに周りは驚いたが、ブルーニングの教訓をしっかり守ったのだ。

最初に作ったのはマシマロー。妻のセキに食べさせると「こんな美味しいお菓子は初めて。きっと売れますよ」。しかし、「これでも菓子かね」「外国の菓子なんぞいらん」などと、どこの店も置いてくれない。作ること以上に売る難しさを痛感した。

菓子の実物見本を並べた箱車。屋根に聖書の一節が書かれている

朝は四時に起きて、午前中は製造、午後は配達や注文取りに駆けずり回り、帰るとまた夜中まで働いた。原料も包装材料もすべて外国から取り寄せなくてはならないうえに、仕入れは現金取引のみだったから、苦しい日々が続いたが、開業二カ月後にようやく、青柳という店の主人の妻から一五円もの注文があり、嬉し涙にくれながら、徹夜で菓子を作り上げた。

太一郎はPRのため、聖書の言葉を掲げ、洋菓子の実物を入れたガラス張りの箱車を引いて、東京中を実物広告して歩いた。子どもたちに人気が出て、ようやく商売も軌道に乗るようになった。

ところが思わぬトラブルが起きた。初夏になると「カビが生えた」「菓子が溶けてしまった」と返品が相次いだのだ。高温多湿の日本の気候のせいだった。

「不良品の分だけ新しい品を無料で奉仕します」

この出血サービスが「災い転じて福」となり、信用が大いに高まった。

若き俊英・松崎半三郎を参謀に 精神の結晶・エンゼルマーク誕生

「事業を発展させるには、私一人では限界がある。いい女房役が欲しい」。そう思い始めた頃、知人から二〇代の貿易商・松崎半三郎を紹介された。海外事情に明るく、服装はスマート。そのうえ誠実さ、緻密さ、積極性を併せ持っている。初対面の時、二人は四時間も話が弾んだ。

その後、親しくなればなるほど松崎の人物に惚れ込んだ太一郎が三顧の礼をもって森永入店を促すと、松崎は「近代化と発展のため、①あなたは製造、私は営業を担当する。②近い将来、株式会社組織に改める。③従業員は人物本位で採用する――という三条件を容れてくださるなら」と応えた。

こうして、明治三八（一九〇五）年一月、支配人として松崎が入店。揺るぎない信頼関係によって社業は急速に近代化・発展し、森永の礎が築かれていった。

森永商品の評判や売れ行きが高まるにつれて、低品質の類似品が横行し始めた。「こ

左が最初の「エンゼルマーク」、右は現在のもの

のままでは自社製品だけでなく、西洋菓子の評価も落ちる。森永の優れた技術を誇示するため、また、菓子工業近代化のためにもトレードマークが必要」と考えた太一郎は、この年、自ら描いた「エンゼル（天使）マーク」を商標登録した。創業して最初の商品にしたマシマローは、アメリカでは「エンゼル・フード（天使の糧）」と呼ばれていたし、太一郎は熱心なクリスチャンだったから、幸福と希望を与える「天使」は最高のシンボルだった。

森永太一郎のイニシャル「T」と「M」を図案化したハンドルを握った天使のマークは、内外に森永の名を浸透させ、親しまれる大きな原動力となった。

洋菓子メーカーとしてようやく名声を得始めた明治四〇（一九〇七）年七月、赤坂田町工場が全焼した。太一郎と松崎は災難を天啓と受け止めて勇猛心を奮い立たせ、わずか三カ月で芝区（現・港区）田町に新工場を建設した。しかも、最新の輸入機械を備え、生産規模拡大によるコストダウンと品質向上を一挙に進め、後のキャラメル大量生産を可能にしたのである。

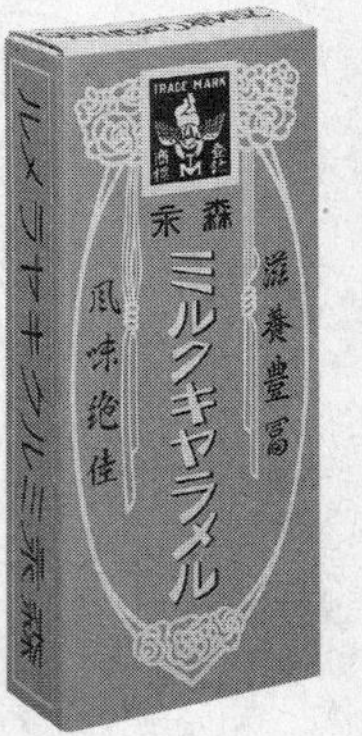

現在もおなじみの「森永ミルクキャラメル」。考えた末の箱入り販売で大ヒット（写真は初代紙サック入り）

森永の代名詞ともなった黄色い箱の「ミルクキャラメル」。太一郎が最初に作ったのは創業の明治三二年だが、バターやミルクの匂いが強く、当時の日本人には受け入れられなかった。高温多湿の梅雨時には品傷みが生じ、保存性にも問題があった。しかし、太一郎には「キャラメルこそ洋菓子の中で一番売れるようになる」という確信があった。

当初は一個五厘のバラ売りにしたが、店頭に置いていると味と形が変わる。次は一〇個入りの小口缶にしてみたが缶の製造費で値段が高くなる。

何かいい方法はないものか……。熟慮に熟慮を重ねて行き着いたのが「一個ずつ包んだキャラメルをボール紙で作った箱に詰める」方法だった。今では常識だが、当時としてはコロンブスの卵的アイディアだった。

大正三（一九一四）年三月、上野公園で開かれた東京大正博覧会の会場で二〇粒入一〇銭の紙サック入りミルクキャラメルを発売して大人気を博したのを機に大量生産に入ったが、キャラメル改善に実に一五年の苦闘が積み重ねられていた。

その間、明治四二年にはわが国初の板チョコ、大正元年にはヌガーなど新製品を次々に発売、すべて銀箔やパラフィン紙などで包むという包装の工夫によって保存性が向上した森永製品は素晴らしい売れ行きを見せ、日本市場に洋菓子を定着させた。明治四三年二月に個人企業「森永西洋菓子製造所」を「株式会社森永商店」に、さらに大正元年一一月には「森永製菓株式会社」と改め、名実共に近代企業へ大変化を遂げた。

「広告は投資」の信念を貫く一方徹底した販売網を実現

太一郎は広告宣伝を重視し、多種多様の宣伝方法を編み出した。明治四〇（一九〇七）年三月には『時事新報』に全国一八〇の特約販売店名を記した全面広告を出して世間をアッと驚かせた。一〇日分の製造高にあたる五〇〇円という大金の広告料をつぎ込んだのは、森永製品がどの店に置いてあるかを人々にわからせるためだった。広告の効果は抜群で、三カ月後にはひと月の総売高が七〇〇〇円に及んだ。

菓子の箱や包装紙のデザインも美しくあらねばならないと、明治四一年には美術学校卒の和田三造を重役並みの高給で雇った。大正四（一九一五）年には広告部を新設、

大正5（1916）年当時の
宣伝ポスター

楽隊や活動写真を利用した娯楽性の高い宣伝活動を行った。また、看板やポスターは、単に商品名を告知するのではなく、品質を語りかけ、新しいライフスタイルを感じさせるものにした。

菓子のしっかりした販売ルートがなかった大正初期、太一郎と松崎は得意先争奪や協定地域侵害などの無用な摩擦を避けるため、専属特約店組織の「森永信厚会」を作って地歩を固めた。

森永製菓打倒を目指して財界有力者による東京菓子（明治製菓の前身）が設立されたのは大正五年一〇月のことだ。ライバルの出現は製菓業が近代産業、将来性のある事業として認識された証《あかし》であると、太一郎はむしろ歓迎した。

しかしある日、信厚会の代表が来社して当然のように言った。

「森永以外の製品を扱っても、従来通りの有利な取引は続けていただけますよね」

「それは断じて認められません」

専属特約店制度をなおざりにする類似品販売を見逃すわけにはいかない。太一郎と松崎は信厚会側に清算分の請求書を送る一方、電光石火で各地の問屋に直接取引を申し入れた。これに全国の問屋は信頼感を抱いて結束を固め、森永の販売組織は逆に強化された。

「製造と販売は車の両輪」と考えた太一郎は、大正一二（一九二三）年に「森永製品販売」を設立、さらに「キャンデーストア」と名付けた直営店を張り巡らせ、徹底した販売網を作り上げた。

関東大震災被災者に救援活動 晩年は布教と講演行脚の日々

「神は多くの試練を与えたが、いつも救ってくださった」

クリスチャンの太一郎は神への感謝を忘れなかった。大正一二年九月、関東大震災に遭遇した時、「本社、工場とも損害はほとんどなく従業員も無事」と知った太一郎は、即座に被災者救援活動を開始した。

「売れば莫大な利益を上げられるのに、ただで出すのですか！」という幹部たちの驚きをよそに、「当社の無事を感謝しなくては。それに被災者は皆お客。日頃助けてもらったお返しです」と、日比谷公園と芝公園でビスケット、キャラメルなど菓子類六万袋を配布、「森永ミルクを差し上げます」の広告を新聞に掲載して、乳児や病人など三〇万人に提供した。また、東京市（当時）に五万円（現在の八〇〇〇万円近く）を寄付して米を譲り受け、一人五合、計八七石八斗を配った。

＊

昭和一〇（一九三五）年四月、七一歳で社長を松崎半三郎に引き継いだ太一郎は、余生をキリスト教の伝道に捧げた。

滞米した夫を信じて一一年もじっと帰りを待った妻セキは、ようやく事業成功の見通しがついた大正五年九月に他界していた。

「人生の事業はすべて信念の上においてのみ光彩を放つ」とはいえ、後になってみれば猪突猛進型の自分に恥ずかしさが募り、後悔もした。そんな自らの体験を重ねて「我は罪人の首《かしら》なり」と全国を講演でかけ回った。

昭和一二年一月二四日、太一郎は七三歳で生涯を閉じ、東京青山墓地に眠っている。

明治末期に段ボールを完成
梱包・輸送の合理化・近代化に寄与

井上《いのうえ》貞治郎《ていじろう》【レンゴー／創業者】

私たちの生活に不可欠の段ボール。日本で初めて製造されたのは今から約一〇〇年前、生みの親は井上貞治郎である。数多くの転職と長年の放浪生活を経て、苦闘の末に段ボールを完成させた井上は、その後も機械化や経営体質の強化によって段ボール事業を大きく育て、さらにはその優れた特性を生かして、包装の合理化・近代化をも実現した。

「偉うなるぞ」と上方奉公
「別家まで二〇年」と知って見限る

あれは五歳の頃だっただろうか。「貞やんがオレのすずりを歯で嚙み割ってしもた」。友だちが泣きだして、さすがに貞治郎は困った。村の子どもが東西に分かれて太鼓をかついで練り歩く秋祭では、いつも西の大将だった。

力は弱いくせに気は強い腕白坊主――。そんな井上貞治郎は、明治一四(一八八一)年、兵庫県揖保《いぼ》郡上余部《かみあまるべ》村(現・姫路市郊外)で、裕福な農家、長谷川家の三男坊として生まれた。二歳で遠縁の跡目を継いで自分だけが「井上」姓となったことは子ども心にもイヤだったが、さらに不満だったのは、家に帰ると働き者の兄がへとへとになるまでこき使うので好きな読書もできなかったこと、そして、高等小学校卒業後は中学に進むつもりでいたのに、年季奉公に出されてしまったことだ。

しかし、母はよく「男の子は上方《かみがた》にやらな、出世はせん」と言っていた。「よ〜し、商売を覚えて偉うなったろ」。貞治郎は一四歳で大望を抱いて家を出た。

奉公先は神戸きっての商家「座古清《ざこせい》」。しかし、仕事といえば子守り、掃除、使い走りといった雑用ばかり。そのうえ、店の使用人みんながいじめる。とくに女中の意地悪には腹の虫がおさまらない。貞治郎はある晩、糠みその固いところを、寝ている彼女の尻のあたりに置いておいた。翌朝、彼女の驚きようといったら……。「会心の仕返し」だった。

そんな暮らしの中、新聞はよく読んだ。商売をやるには、世の中の動きを読めなくてはならないと思ったからだ。

ある日、御寮人《ごりょうはん》（奥様）が言った。「貞吉《ていきち》や、辛いやろけど、別家《べっけ》するまで辛抱しいや」。ところが、調べてみると、前に別家を許されたのは、二〇年も奉公していたという二人だけで、醤油屋と米屋として独立したものの、いまだ座古清出入りにすぎない。

「こんな店は出よう」。貞治郎の決断は早かった。

「伊勢参り」から放浪、大志を抱いて大陸へ帰国後、上野公園で再出発を決意

知り合いの畳屋から紹介された洋紙販売店「松浦」では、洋紙や板紙を倉庫から出

し入れするだけの力仕事だったが、座古清に比べればマシだ。しかし、主人が病気がちで店が陰気くさい。一年我慢したが「これじゃ商売も覚えられん」と店を辞めた。ただ、ここで得た知識は、後に段ボール事業を始める際に非常に役に立った。

次に住み込んだ回漕店《かいそう》（船による運送業）では、夜になると店員たちは博打《ばくち》や廓《くるわ》通いばかり。「こんなところにいたら身の破滅だ」。ある休日、ふと「お伊勢参りに行ってみよ」と思い立った。ちょうど母が送ってくれた金もあった。奈良経由で伊勢へ向かったが、四日市で懐具合がさびしくなって、伊勢へ参拝したとしても神戸へ戻る汽車賃が残っていない。しかし、横浜までの船賃ならある。

「よし、東京に行ってやろ」

これがその後の長い放浪生活の始まりだった。

横浜に着くと働き口を探したが、保証人もないのでなかなか見つからない。「最後の望み」と飛び込んだ口入屋《くちいれや》（奉公人の周旋屋）で同情され、ようやく短期の居候が叶った。ある日、店番をしていると「小僧を一人世話してほしい」と活版屋からのリクエスト。「ちょうどよい男がいます」と客を送り出し、その活版屋に出向いた。

「おや、当人は？」と聞かれ、「実は私のことなんで……」。神戸を出てからのことを正直に打ち明けたのが気に入られ、その場で雇ってくれた。しかし、ここも長くは続かなかった。

中国料理屋の出前持ちや皿洗い、銭湯、パン屋、理髪店の小僧……。転々と職を変えたのは、「俺は輝かしい成功を夢見ている。商売で偉うなるには雑用ばかりではダメだ」と思ったからだ。

いったん関西に戻ってはみたものの、砂糖屋、洋服屋、材木屋と、どれも三日と続かない。唯一、石炭の商売で、談合無視の大量落札をやったり、仲買いに転じてかなり稼ぎもしたが、放埒《ほうらつ》な生活がたたって、結局失敗に終わった。

日露戦争直後の日本は戦勝熱に浮かれ、人々の目は中国大陸に向いていた。なおも一旗あげたいともくろむ貞治郎は、二五歳で新天地・満州（現・中国東北部）へ渡った。

しかし、もともと当てがあったわけではない。雑貨屋、豆腐屋、砂利採りの監督、餡巻《あんまき》売り、炭や牛肉の行商と、飛び込みやひょんなきっかけで仕事を得ても報酬はわずか。残飯で飢えをしのぐどん底生活が続いた。身も心も疲れ果て、日本へ帰ることにしたが、カネがない。労働者を運ぶ船で上海から香港へ行ったものの、旅費を稼ぐどころか、宿賃も払えない。そんなある日、隣部屋の客人が人身売買に手を出していると知り、半ば脅かして、神戸に連れ帰ってもらった。

帰国後の目的地は東京。上野まで同行した件《くだん》の男は、別れ際に一〇銭玉一個と古毛布をくれた。上野公園の満開の桜の下で、薄汚い冬服姿の貞治郎は足をとめた。

「これまでただただ無駄な日々を送ってしまった。しかし、人生五〇年なら、二七歳の俺にはまだ半分残っている。四〇回近くも職を変えたが、今度こそ地道な仕事をしよう。必ずやってみせる!」

明治四二(一九〇九)年四月一二日。貞治郎が裸一貫から再出発を決意したこの日は、後にレンゴーの創立記念日となった。

「きんとま商法」を会得
神のお告げで紙商売に

放浪生活から抜け出した貞治郎は、東京で心機一転を図った。が、独立して何か商売を始めようにも、持ち金が一〇銭では生活費にも事欠く。「中屋」という紙箱や大工道具販売店の外交として雇ってもらい、住み込みでない代わりに一日一〇銭の宿賃が支給された。昔、大阪で石炭の商売をやった経験が物を言い、稼ぎも増えて、間もなく店の近くに二畳間を借りた。「起きて半畳、寝て一畳」あれば十分生きられる。

手足を伸ばして寝られる自分だけの部屋ができて無性に嬉しかった。

「人に使われとったんじゃアカン。う〜んと働いてカネをつくり、商売をやったろ」

「金《きん》（固い意志とカネ）と間《ま》（チャンス）は握ったら放すな」

二畳の部屋の思索で探り当てた「きんとま商法」は、貞治郎の人生哲学、成功の秘訣ともなった。

独立の契機となったのは、ふとしたことだった。中屋の店の片隅には、機械が一台置いてあった。主人に尋ねると「段ロールといって、ボール紙をグネグネ曲げる道具だよ」と教えてくれた。ボール紙に皺のように段をつけると、電球や瓶を柔らかく包む緩衝材になるのだという。祖母や母が使っていた綿《わた》繰《く》り機に似ていたからか、貞治郎はその機械に強く惹かれ、「紙を扱う商売はどやろ」と思った。しかし、まったく初めてのものより、パン屋でもやる方がいいか——。

「紙か、メリケン粉か……」。選択に迷って、神田練塀町《かんだねりべいちょう》（現・JR秋葉原駅近く）の稲荷《いなり》おろしで占ってもらうと、白髪の巫女《みこ》がいきなり「紙じゃ、紙じゃ。紙の仕事は立板に水じゃ」と叫んだ。貞治郎の腹は決まった。

「瓢簞《ひょうたん》から駒」の出資話「段ロール」にてこずる

資金もないので、中屋から商品を借りてまずは夜店を出そうと、知人に保証人を頼みに行った折、「段ロール」の話をすると、知人はひざを乗り出し、すぐに出資者を二人紹介してくれた。「段ロール」の知識も事業の成算も乏しかったが、こうなった以上、もうあとへは引けない。

調べてみると、ボール紙に段をつけた紙は、安政三（一八五六）年にイギリスで発明された後、アメリカで製造されるようになり、さらにドイツなどにも行き渡って、ガラス瓶の包装に使われた。日本では化粧品の包装用として「なまこ紙」の名でドイツから輸入される一方、一部のブリキ屋や焼芋屋が、内職の手作業で作って電球包装用に売っていた。しかし、弾力に富むドイツ製と国産とは品質に大きな格差があった。

「外国品に劣らないなまこ紙を俺が作ったる」

二人の出資者が出してくれた合計二〇〇〇円（現在の約八〇〇万円）を元手に、明治四二（一九〇九）年八月一六日、貞治郎二八歳の誕生日、荏原郡品川町（現・品川区北

明治42（1909）年頃に貞治郎が使用した段ボール製造機（複製）

品川）に「三盛舎《さんせいしゃ》」を興した。

しかし、実際にやってみると、作業はなかなかうまくいかなかった。貞治郎が独自の工夫を凝らした「なまこ紙製造機」は、波型を刻んだ鋳物製ロール二本を左右二本の木製の支柱に渡したもの。ロールの間にボール紙を差し込みながら手回しハンドルを回すと、均一に段のついた紙が出てくるはずなのに、扇状になって、大量の仕損じが出た。たまにうまく段がついても、風に当たると伸びてしまう。ロールの桁に分銅《ふんどう》（金属のおもり）を付け、左右にかかる力を均等にしてみたりもした。

苦闘の末に「段ボール」を完成　出資者の撤退で独立する

「できた！」と声を上げたのは二カ月も過ぎた頃だ。

貞治郎と二人の従業員は焼き芋を肴《さかな》に、茶わんで祝杯をあげた。

売り物にするためには、ハトロン紙で裏張りする必要があったが、これも紙を横目に使い、糊付けも刷毛で薄く手早く塗ればよいとわかるまで一苦労だった。ようやく作り上げた会心の波形紙《はけいし》に、貞治郎は「段ボール」と命名した。「段のついたボール紙」と単純明快で語呂もいいうえに、当時紙箱屋や化粧品屋で「ボール」という用語がよく使われていたことも考慮したネーミングだった。

次は「いかにして売るか」だ。東京には地縁も血縁もない。見本帳を持って、飛び込みの営業に駆けずり回った。

注文第一号は浅草の洋紙店からの二〇〇枚。徐々に取引先も増え、納品のため、段ボールの大きな束を背負って早朝割引の市電に乗ったが、ほかの客の迷惑になると車掌に嫌がられ、貞治郎の姿を見ると、すぐに発車されてしまう始末。

毎日必死で働いたが、創業四カ月を経ても収支は赤字である。業を煮やした出資者たちは相次いで身を引いた。しかし貞治郎は「俺にとっては、真の独立のチャンスだ」と、明治四二年の暮れ、事業所を「三成社《さんせいしゃ》」と改称し、営業に有利な京橋区小田原町(現・中央区築地)に移転、段ボール製造機の実用新案が認可されたので、製品名も「特許段ボール」とした。

現在の墨田区に移転した当時の三成社

売上は次第に伸び、借金を返済したうえに利益も出るようになった。翌明治四三年三月、お静と見合い結婚したのは「女工代わりになるわい」という不遜な思いからだったが、家事に加え、想像以上に働いた妻は、間もなく病気で死んでしまった。

「堪忍してくれ」。貞治郎は手を合わせ、心の中で泣いた。それから半年後、後妻をもらったときは、「今度こそ家族を大事にしよう」と自分に誓い、仕事に打ち込んだ。

事業は波に乗り始め、工場兼住宅も、大正元（一九一二）年には本所区中之郷（現・墨田区吾妻橋）の家賃二〇円の広い家に、従業員は十数名に増えていた。

「手作業では高まる需要に追いつけない」。貞治郎は、ドイツから新鋭の巻取段ボール機械を三〇〇〇円で輸入して大量生産に備えた。

段ボール箱の量産体制で業績向上
得意先のライバル化には知恵で対処

段ボールを作り始めて五年後の大正三（一九一四）年、香水半ダース入りの箱を注文された貞治郎は、ヘラと定規でわが国初の「段ボール箱」を作りあげた。しかし「少数の得意先相手に手作りでやっていては大きくなれんなあ」と、さらにドイツから製箱機を輸入した。段ボール箱の製作・販売も加わって、目の回る忙しさである。「月に一〇〇〇円以上の売上になったら皆にうなぎ丼《どんぶり》をふるまおう」。そう言って従業員を励ます日々だった。

その直後、第一次世界大戦により、東南アジア向け輸出が相次ぎ、得意先の東京電気（現・東芝）の電球輸出用段ボール箱の需要も急増して、生産に一層の拍車がかかった。翌大正四年には、大阪に子会社を二社、名古屋にも支店と工場を開設。さらに二年後、東京市本所区大平町（現・JR錦糸町駅前）に四〇〇坪の土地を購入して工場を新築した。次々に工場を建設してもなお、手元にその数倍のカネが残る。「商売っちゅうのは儲かるもんやなあ」。貞治郎は握った「金《きん》と間《ま》」の凄さを実感した。

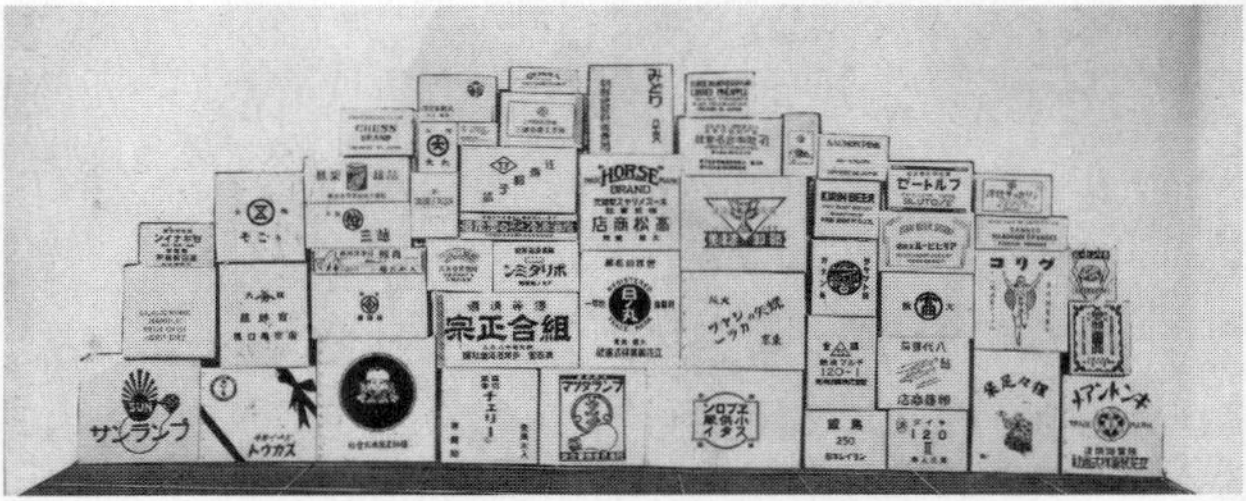

食品、デパート、酒類、タバコ……
あらゆる分野の商標がプリントされた段ボール箱

三成社の躍進ぶりを見て、業界への新規参入が続出。追撃を振り切るには体質強化が必至と考えていた矢先、東京電気の新荘吉生《しんじょうよしお》社長から「応分の支援をしよう」と言われ、大正九年五月、子会社二社など五社統合により「聯合紙器《れんごうしき》」を設立、社長に新荘、貞治郎は筆頭常務に就任した。

三年後の大正一二年九月、関東大震災が起こって東京の本社と工場は壊滅、甚大な被害を出したが、会社はびくともしなかった。大阪の千船《ちぶね》工場が業績を支えたからだ。同工場は、貞治郎が社内外の猛反対を押し切り、多額の資金を投じて、震災一カ月前に買収し、製紙から製箱まで本邦初の一貫生産工場として誕生させたばかりだった。

東京工場は再建したが、製造・販売両面で事業発展の中心となるのは大阪とみた貞治郎は、大正一五（一九二六）年一月に本社を大阪に移転。同年、新荘社長逝去後五年間空席だった社長の座に就いた。

新鋭機を配置して生産体制強化を果たした後は、段ボール箱の販路拡大と用途開発だ。「木箱に代わるべき商品」と位置づけ、「パッキングケース」と新たに命名して、緩衝性、軽量、梱包後の容積が小さいこと、木材資源の保護など、その優れた特性をPRした。とくに評価を高めたのは、大正一三年夏に大阪で開催された電気博覧会と第一回国産品博覧会で共に「優秀品」と認定されたこと、翌年に新聞でも「紙函が木函より強い」と報じられたことだ。「商品包装が売れ行きにも大きく影響する」と信じていた貞治郎が包装の合理化・近代化を訴えた結果、缶詰、陶磁器、ビールなどの外装、冷凍鮭の包装箱と、段ボール箱は輸送に不可欠の梱包・包装資材となっていった。

同業者が増えることは事業が社会的にも公認され発展することで喜ばしいと思っていたが、昭和一一（一九三六）年に東京電気が「製紙から段ボール箱までの製造計画を実行に移す」と表明した時は腰を抜かさんばかりのショックに襲われた。

「こっちの立場はどうしてくれるんや」。しかし、長年の筆頭ユーザーだった大会社がライバルに転じるのだから、下手をすると会社の存続さえ危うい。「情に訴えても埒《らち》があかんな」と合点した貞治郎は、東京電気へ資本提携を申し入れ、増資した半数の株を東京電気へ渡し、代わりに紙器工場と製紙会社を譲り受けた。熟慮の末の難問解決だった。

消費革命の波に乗って需要急増
波瀾の人生が人々を魅了、流転ブームに

昭和一〇年代には朝鮮、台湾、中国など海外にも工場や子会社を開設したが、太平洋戦争後、外地の全資産は接収され、国内でも七工場を空襲で焼失した。しかし、二〇代までの苦労に比べれば小さいことに思えた。

終戦から一〇日後、残った淀川・葛飾・川口・京都などの六工場で早くも事業を再開、昭和二四（一九四九）年五月には大阪証券取引所に株式上場（翌年東証上場）を果たした。高度経済成長期に入ると、テレビ、冷蔵庫など家電製品の普及、さらにはりんご、みかんなど果実向けも大きく伸びて、段ボール箱の需要は毎年二桁の高い伸び率が続いた。

昭和三四年、創業五〇周年を機に、貞治郎は自叙伝『生涯の一本杉』を著した。続いて日本経済新聞の「私の履歴書」に寄稿すると、朝日放送が半年間の連続テレビド

ラマ『流転』を放映、これが「流転ブーム」を引き起こす。さらに翌年、石浜恒夫が同名で小説化、大阪・道頓堀の中座で芝居にもなり、松竹映画『流転』も人気を集めた。

昭和三六年には独自の「きんとま哲学」によって自らの人生を肉付けした回顧録『きんとま一本杉―握ったら放すな』を出版、ベストセラーになった同書は、向田邦子らの脚色、森繁久彌主演で、毎日放送がテレビドラマ三部作に仕立てた。そんなブームの中、貞治郎は昭和三八年一一月一〇日、八二歳で波瀾万丈の生涯を閉じた。

井上貞治郎が上野公園で再出発を決意してから一〇〇年近くを経て、平成一九（二〇〇七）年現在、従業員約二七五〇名、国内三七工場（製紙工場五、段ボール工場二五、紙器工場四、印刷加工・テープ工場一、化学品・バイオ工場一、セロファン工場一）、そして売上高二六三四億円以上(平成一八年度)の規模を有すレンゴーは、海外においても六カ国に二五工場を展開するなど、日本を代表する総合包装企業として、現在もなお発展し続けている。

（注）同社は、昭和四七（一九七二）年に「聯合紙器」から「レンゴー」に社名変更した。

ハム・ソーセージの将来性に着目
大衆化に情熱を傾ける

伊《い》藤《とう》傳《でん》三《ぞう》【伊藤ハム／創業者】

昭和のはじめには富裕層が嗜好品として珍重するのみだったハム。この西洋食品の製造技術を独学で習得し、大衆の食卓に上らせたのは、伊藤傳三だった。原料と技術に工夫を重ね、日本初の「セロハンウインナー」を手始めに、独自の魚肉ソーセージや「プレスハム」を開発して、ハムの大衆化を実現した。

悪ガキとして名を馳せたが父が倒れ、一家の大黒柱に

大正のはじめ、三重県四日市市の〝漁師まち〟富田町に並外れたガキ大将がいた。相撲やかけっこでは誰にも負けなかったし、ナマズや小鳥を生け捕りにするのもうまかった。しかし、学校はサボるし、勉強はまるっきりダメ。簡単な字も書けない。めったに怒らない父が見かねてカミナリを落とした。

「情けない。何のために何年も学校に行ってるんだ！」

明治四一（一九〇八）年一一月、海産物の行商を生業《なりわい》とする父・吉松と母・たねの一人息子として生まれた伊藤傳三の少年時代のエピソードである。

さすがの傳三もこれにはこたえた。本気で勉強してみると、高等小学校を卒業する頃には成績も五〇～六〇人中一〇番以内に入り、腕白もおさまった。

ところが、大正一二（一九二三）年の夏の終わり、父が旅先で突然倒れた。脳溢血だった。働き手を失っただけでなく、当時としては大金の一六五円の借金があることもわかり、たちまち生活は苦しくなった。母が行商に出、傳三も掛け売りの集金に滋

賀県あたりまで駆け回ったが、慣れない二人では思うようにいかない。発病後半年余りで父が他界した後は苦労も倍加した。借金を返せる当てもない。母子は夜逃げ同然で大阪に出た。

「今度帰るときには、借金を全部返してやるよ」

富田を離れる時、母に言った言葉通り、四年後に徴兵検査で帰郷した時、すべての借金を返した。

独立、大恐慌、無一文、東京で日雇い
カネをためて母の元に戻ったが……

大阪に出ると、傳三は海産物問屋に丁稚《でっち》奉公で住み込んだ。朝早くから夜中までこき使われ、一年余り経った頃には、肋膜《ろくまく》炎になってしまった。三週間の入院生活を送り、さらに二～三カ月叔父のところで静養したが、「もう覚えることはない」と店も辞めた。

次の職場も海産物や雑貨の卸問屋だったが、扱う品物は前の店よりずっと多く、ここで〝生きた商売のコツ〟を身につけた。旨いでんぶや海苔の佃煮も作っていて、こ

れが、後に大いに役立った。

商売敵の荷札を見てはその中身や送り先をチェックし、自分の店でまだ扱っていない新商品を見つけるとすぐに仕入れるなど、研究熱心で仕事も万全だった傳三は、一九歳で小番頭に昇格した。

その後の徴兵検査で、肋膜炎を患ったことから兵役をまぬがれた傳三は「それなら仕事をじっくりやろう」と、独立を決意する。家業、丁稚時代とも海産物を扱っていたので、自然に食品関係の仕事に目が向いた。

そこで、デパートの食品売り場に足繁く通っては、売れ筋商品やその原料、製法、流通経路などを観察し、調査・研究を進めた。ところがほとんどの食品は大手業者の手に握られており、新規参入の余地はない。

しかし、「何かきっとあるはずだ」と研究を続け、目をつけたのがハム・ソーセージだった。当時、庶民とは縁遠いものだったが、匂いも味も素晴らしい。原料は肉だから、魚のように気象や漁獲高に左右される心配もない。しかも製法は幼稚なレベルにとどまっていた。

「この商売はモノになる！」

そう直感した傳三は、親類や知人から借り集めた二〇〇〇円を資本金に、昭和三（一九二八）年一一月、二〇歳で「伊藤食品加工業」を旗揚げした。とりあえずは、海苔の佃煮など海産物の加工販売からのスタートだった。商売は順調で、一年後には店員七〜八名、女工二〇名にもなった。しかし、アメリカの株暴落に端を発した世界的な大恐慌の波に抗しきれず、設立二年であっけなく倒産した。

無一文になった傳三は、昭和五年の夏、アテもなく東京へ出て、日雇い労働者が集まっている台東区山谷《さんや》に落ち着いた。周りにゴロツキ風の男たちが大勢いたが、子どもの頃暴れまわっていたから、おじけづくこともなかった。

秋葉原の野菜市場で「店員募集」の札を見て飛び込むと、すぐに雇ってくれた。てきぱきと仕事をして喜ばれたが、数日経って山谷に荷物を取りに行くと、顔見知りの男たちが「一晩くらい泊まっていけ」と言う。翌朝店に戻ると無断外泊を理由にクビになってしまった。

不景気の中、職を探すのは大変だったが、運良く小石川の氷配達人の仕事にありつけた。しかし店の雰囲気がよくない。すぐに高田馬場の氷屋に鞍替えした。氷の配達は力仕事だったが、体が大きく力もあった傳三に向いていたし、カネにもなった。ただ夏以外は仕事がなく、暇をもてあました店員たちはバクチに走る。傳三もいつしか花札やサイコロ賭博を覚え、暴力団とけんかしたり、テキ屋と付き合ったりするようになった。警察の手入れを受けて留置場に入れられたこともある。東京でのそんな放浪生活は、無法者のおどしや物騒な事態にもひるまない強い傳三を作り上げていった。

東京で二〇〇円の蓄えができて、大阪の母のもとに帰ると、二年前、商売で失敗した時に迷惑をかけてしまった叔父が「この辺でウロウロしないでくれ」と言う。そこで母と神戸に移り住んだ。母子水入らずの生活。その嬉しさは忘れられない。しかし、わずか半年後、母は不治の病にかかり、六二歳でこの世を去った。

幼なじみのきぬゑと結婚したのは、同じ年の一一月末。傳三は二五歳、きぬゑ二一歳。母が逝く直前に結婚が決まっていたのが、せめてものなぐさめだった。

最初の魚肉ソーセージは失敗
日本初「セロハンウインナー」誕生

結婚を機に、新しい商売を考えたとき、傳三の脳裏に浮かんだのは、かつてデパートの食品売り場で将来性を見極めた「ハム・ソーセージ」だった。その手始めに設立した加工販売会社は世界恐慌であえなく潰《つい》えたが、今回は製造からのスタートである。

二階建て借家の一階を工場にしてソーセージづくりに取り組むことにした。とはい

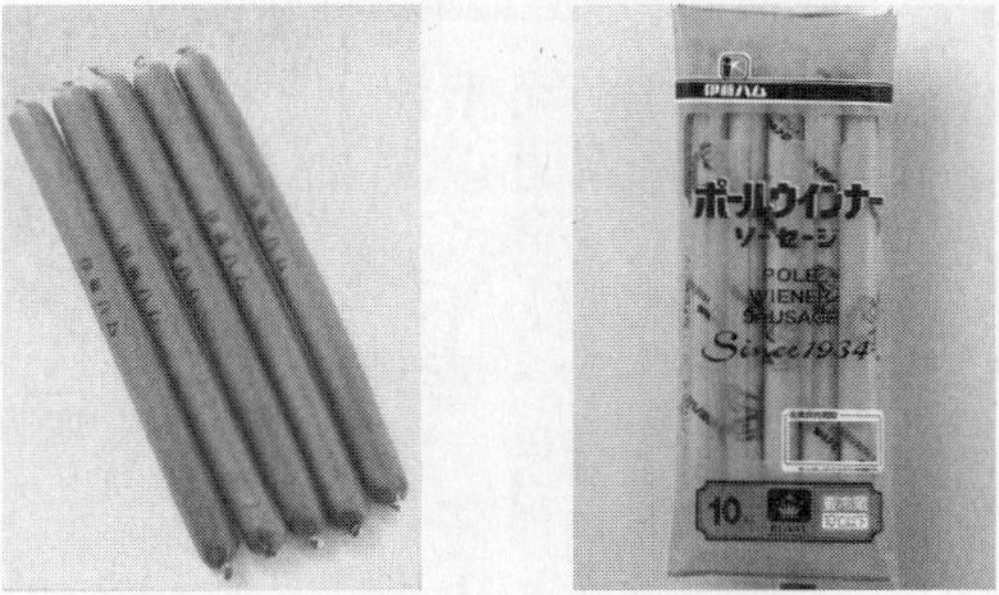

昭和9（1934）年当時の「セロハンウインナー」（左）と、
現在も発売されている同形の「ポールウインナー」

え、資金はわずかしかない。ミンチ釜、カッターなど必要最小限の機械はすべて中古。

「あとはアイディアで補うしかないなあ。よし、魚肉でやってみよう」

ラードで魚の臭いを抜き、化学調味料、砂糖、胡椒で味をつけてみると、結構旨いソーセージができ上がった。大丸、阪急、三越など百貨店への納入金額は、畜肉ソーセージの半値近い一〇〇匁《もんめ》（三七五グラム）二五銭！

ところが、しばらくすると返品が相次いだ。原因は包装にあった。一晩塩漬けして水洗いした豚や羊の腸に材料を詰めるのだが、腸に小さな穴があいていて、中から水気がもれ、バクテリアが繁殖したのである。

「技術が未熟だった。もう一度基本からやり直しだ」。傳三はそれから一年間、図書館に通って食品化学や細菌学の本を片っ端から読み、専門家にも話を聞いた。こんなに勉強したことはない。そして研究の結果、温度管理が最も重要だとわかった。

昭和九（一九三四）年、「セロハンウインナー」の開発に成功。セロハンの裁ち屑を独特ののりで筒状にして、その中に、豚肉と兎肉を混ぜたものを充塡・加工したものだ。衛生的で長期保存でき、スティック型にしたので、取り扱いにも便利という画期的なものだった。

相次ぐ不幸、そして戦争の影 統制違反を理由に留置場生活

事業がようやく軌道に乗ってきた矢先の昭和一三（一九三八）年四月、思わぬ不幸に見舞われた。数え年五歳の長男が踏切で電車にはねられ、幼い命を落としたのである。傳三にそっくりのガキ大将で、大事に育てていた息子だった。その三カ月後、今度は神戸を大水害が襲った。幸い、傳三の家も工場も無事だったが、腰まで水に浸かった町の復興に時間がかかり、商売は大打撃を受けた。

相次いだ災難のショックからようやく立ち直ってみると、昭和一二年に始まった日

中戦争が泥沼化して太平洋戦争に突入、経済統制の時代になっていた。

物資欠乏の中、傳三は統制品以外のサメやイルカを使うことにした。混ぜ合わせると温度と塩分の作用で、味覚・栄養とも失われないまま脱臭され、異質の原料同士が見事に結着して肉製品のようになるのだ。これが「熟成」といわれるもので、日本のハム・ソーセージ業界特有の製法だ。

傳三考案の魚肉ソーセージは、アンモニアの中和、脱臭法も完全だったから、飛ぶように売れた。しかし、戦局が厳しくなるにつれ、ハム・ソーセージの製造自体が違反になった。傳三の次の手はハンバーグや肉だんごの冷凍食品である。これならナマモノだから違反にならない。これも作りさえすればいくらでも売れた。

ところが、昭和一八年二月はじめの朝、警察に呼び出され、そのまま留置場にぶちこまれた。大々的に商売をしていたので、原料で違反していると目をつけられたのだ。

しかし、違反事実がないのだから、いくら厳しく調べられても、寒く、辛い日々が過ぎるだけだ。傳三は取調官の顔を立てることにし、「実は物価局の製品検査を受けずに納入したケースがありました」と〝自白〟、若干の罰金を払って、四六日間もの留置場生活を決着させた。

戦局悪化で工場閉鎖
空襲で負傷、戦後の焼け跡から再起

戦争はますます激しさを増した。「もうこれ以上商売を続けるのは無理だ」と工場を閉鎖した傳三は、軍需工場に勤めた。

昭和二〇（一九四五）年六月初め、神戸が一瞬にして灰と化す大空襲に見舞われた。傳三はとっさに川に飛び込んだが、落ちた爆弾の破片が太ももを貫通、腕もやられていた。ゲートルをほどいて傷口を縛り、垣根の竹を引き抜いて杖にし、ようやく六甲道駅までたどり着くと、そこで会った知人が病院に運んでくれた。「これで死なずに済む。とにかく食わなければ」と、体中の痛みをこらえながら配給のにぎりめしにかぶりついた。

大空襲の二日後、どうやって探しあてたのか、妻のきぬゑが訪ねてきて、避難先の伊丹の農家に大八車で運び込んでくれた。妻はその後も傳三の世話をするかたわら、片道五〇キロもある神戸の防空壕から家財道具や食糧を荷車で運んできた。

一方、傳三は苦痛に耐えながら歩行訓練を続け、終戦を迎えたときにはすっかり回

敗戦後間もない昭和21（1946）年に建設された神戸工場

復していた。二人の奮闘は「なにくそ！　絶対にネをあげるもんか」という思いに支えられていた。

終戦の半月後に戻った神戸は無残に変わり果てていた。ハム・ソーセージ作りを再開しようにも原料がない。ある日、長田区の中央市場にサメが大量に並んでいるのが目に留まった。統制外だが臭いがきつくて買い手がつかないのだ。戦時中に作った魚肉ソーセージを思い出した傳三は「これでいこう」と即決した。

戦後の混乱の中、傳三は不屈の精神でいち早く事業を再開した。工場は焼け残りの粗末な貸家の一階。前の工場跡からミンチ釜を掘り出してやすりで磨き、焼け跡で拾ったレンガを積んで漆喰《しっくい》を塗り、焼けたモーターの銅線も巻き替えた。ソーセージ作りに不可欠のでんぷんや調味料、セロハンなどは、すべて昔馴染みから手に入れた。

昭和二一年四月三日、灘区備後町で資本金一九万五〇〇〇円の「伊藤食品工業」を復興、「ニューソーセージ」の発売を開始した。評判は上々で、同年七月末には製造能力が一挙に一〇〇倍になる工場を完成、新しいスタートを切った。

プレスハムを考案業界のために大奔走

「セロハンソーセージ」を改良した「ニューソーセージ」は作る端から売れ、生活にも余裕が出たが、一家は、戦災に遭った人々の苦労を考え、風呂もない本社工場の二階に一二年間住み続け、工場では戦争未亡人を優先的に雇った。

やがて豚、牛など畜肉が出回るようになったが微々たる量でしかない。「価格の安い兎や山羊《やぎ》の肉を加えて旨いハムができないものか……」。ポイントは脱臭・脱血法だ。生肉を徹底的に水洗いすればよいのだが、肉の鮮度が落ちては困る。

あるとき、ハタと気がついた。「氷水で洗えばいい!」

これが数種の肉を原料にした寄せハム、つまり「プレスハム」の開発につながった。昭和二二(一九四七)年七月のことだった。

翌年、他社も同様のハムを売り出したが、技術的にバラツキがある。「これではいかん」と傳三は、温度管理など製造の要のノウハウを公開して大量生産を実現した。原料肉の需要が高まると、石油缶に札束を詰め、全国の農家に「養豚」を奨励して回った。これは、現金収入の乏しかった農村に大いに喜ばれた。大蔵省（当時）と掛け合い「大衆品の寄せハムに三〇パーセントもの物品税を課すのはおかしい」と課税を撤廃させたこともある。

このように、傳三は業界のために獅子奮迅の活躍をしたが、体を張って戦ったのは、昭和二七年三月に中日本重工業（現・三菱重工業）で発生した集団赤痢事件のときである。

「原因はソーセージらしい」という新聞の第一報を見た傳三は飛び上がった。食品は一度の過ちでも消費者の信用を失う。すぐに製造元のハム業者に電話してみると、伝染病の感染源なら隔離されているはずの社長が「私は赤痢じゃない！」とわめいている。傳三は新聞社に訂正記事を求め、自らも〝無罪広告〟を載せて、大論争を展開した。結局、ソーセージとは無関係とわかったが、泣き寝入りすれば、業界はつぶれてしまうところだった。

目黒にモデル工場、関東進出を決断
ハム・ソーセージが食生活に浸透

昭和三三（一九五八）年、傳三はニュージーランドから三〇〇〇トンのマトンを輸入して、プレスハムの主原料に使った。米価が上がって農村が米づくりに精出し、養豚に熱を入れなくなったからだが、同国の食肉協会会長が工場に来訪した際、「私たちの国の肉がある！」と驚喜し、熱心に売り込んできたからでもあった。

マトンは脂肪分が多く、特有の臭いもあるが、栄養分が高く、豚肉と混ぜると結着もよい。原料不足に備えて数年前からマトンの脱血・脱臭法を研究していたおかげで、「豚肉よこせ」運動まで起きた当時、値上げもせずに製造を続けることができた。

マトン輸入量はうなぎ登りに増え、昭和四三年には食肉専用冷凍船「第一伊藤ハム丸」も進水した。マトンの輸入開発のパイオニアとして、また、大量輸入を定着させたことから、昭和四四年三月にはニュージーランド政府から夫婦で招かれ、国賓級の歓迎を受けた。

さかのぼって、昭和三四年六月には、着工直前の西宮工場建設を中断して東京都心

東京に進出した昭和34（1959）年操業の目黒工場

部に目黒工場を開設した。出張の際、テレビコマーシャルを見て、東京では日本水産や大洋漁業などの魚肉ハム・ソーセージばかりだと気がつき、急遽、東京進出を決断したのである。目黒工場は衛生的なモデル工場で、収支は二年目で早くもトントンとなった。成功の要因は、直販システムの採用にあった。

一方、西宮工場は昭和三五年一一月に操業を開始。敷地一万四五〇〇坪と東洋一の規模（当時）を誇り、工程はすべて流れ作業で、業界随一の冷蔵庫を備えたものであった。

昭和三六（一九六一）年一月、社名を「伊藤ハム栄養食品」と変更、従業員は約一三〇〇人になったが、労働組合が誕生、昭和三七年一一月には西宮工場で組合員三二名による一四日間のハンストが起きた。労組が勤務時間に食い込む違法集会を行ったた

昭和30年代後半〜40年代前半の工場内。
流れ作業で効率を高め、生産増を図った

め、傳三が組合三役を解雇したことに抗議したものだったが、労使ともに裁判に持ち込むまでになった。

一方で、マスコミなどが「人命にかかわる」と大きく取り上げて社会問題化し、会社の顧問弁護士たちはおそれをなして逃げ出す始末。四面楚歌の中、「ハンスト参加者の分散配転」を条件に解雇処分を取り消してようやく落着したが、社員と共に事業を推進してきたと考えていた傳三には大きなショックだった。

昭和三〇年代にはまだ中元・歳暮の進物用だったハム・ソーセージは、昭和四〇年代に入ると一般家庭の食卓や学校給食にも登場するようになった。急増する需要に、新鋭の西宮工場は威力を発揮した。また、昭和三七年の豊橋工場をはじめ、全国各地に次々に工場を開設して生産力を増強した。

売上高は昭和四〇年度に一〇〇億円を突破していたが、五三年度にはその二〇倍以上の二〇〇〇億円台に乗せるという驚異的な伸びを見せ、製品の種類も六〇種にもなった。その間、生肉販売にも進出したのは、肉が世界一高いわが国で、生肉を安く安定供給したいと思ったからである。

傳三は、昭和四一年、五七歳で藍綬褒章を受章した。ハム・ソーセージを大衆化、さらに品質向上や近代化にも長年努力した功績によるものだったが、傳三自身はこの受章が業界の地位向上につながることが大きな喜びであった。

昭和五六年六月二二日、ハム作りの夢を追い続け、どんな境遇に置かれても、そこから立ち上がる気迫と生命力を持っていた果敢な実業家は、七二歳の生涯を閉じた。社名が「伊藤ハム」に改称されたのは、その三年後のことである。

「売れるもの、それは他社にないものだ！」

永谷園／創業者 **永谷嘉男《ながたによしお》**

歌舞伎の定式幕《じょうしきまく》をイメージしたという黒色・柿色・萌黄《もえぎ》色の横縞に、江戸文字で大きく商品名が書かれたパッケージは、誰もが知っている「お茶づけ海苔」のそれ。日本を代表するロングセラー商品の一つだ。ご飯に振りかけてお湯を注ぐだけ。究極のインスタント食品である。年間の売上数二億三〇〇〇万袋。驚異的なこのヒット商品の生みの親は永谷嘉男。老舗お茶屋の一〇代目である。

嘉男の創造力や行動力は、先祖と父の血を受け継いだものだった。江戸時代中期に京都の宇治で製茶屋を営んでいた先祖の永谷宗七郎は、煎茶を創始した。嘉男の父、永谷武蔵も同家随一のアイディアマンで、昆布茶やアイスグリーンティーなどを創製したが、その一つに「海苔茶」があった。細切りの海苔に抹茶や食塩などを加え、お湯で溶いて飲むお吸いもののようなものだ。

しかし、太平洋戦争で店は閉店、軍隊帰りの嘉男が復興を担うことになった。九回の転職を経て茶の小売店を再開したものの、生涯をかけて打ち込むべき仕事は何か考えていたある日、居酒屋で、酒の後のお茶漬けに舌鼓を打ちながら、嘉男はハタと思った。

「父の海苔茶を使えば、旨いお茶漬けができるんじゃないか」

さっそく抹茶、昆布粉、刻み海苔、調味料などを配合して即席茶漬けの開発に乗り出した。京都にある、小粒あられやおかきを入れた「ぶぶ茶漬け」や「かきもち茶漬け」を参考にしてあられを入れてみると、香ばしさが出て、とてもお湯を注いだだけとは思えぬ味わいに仕上がった。

昭和二七（一九五二）年、「お茶づけ海苔」が完成、小袋を二重にして、底に石灰を敷いた瓶に一〇〇袋ずつ詰めて発売した。価格は一袋一〇円。公務員の月給が六〇〇〇円という当時、かなりの高額商品だったにもかかわらず、手軽で、空腹も満たせる「お茶づけ海苔」は口コミで評判が広がって大ヒットした。具を用意しなければならないという手間を省き、かつ美味しい「お茶づけ海苔」は、お茶漬けの概念を変えたのである。

その後も、「味ひとすじ」をキャッチフレーズに掲げて、「さけ茶づけ」「梅干茶づけ」「たらこ茶づけ」「わさび茶づけ」とバリエーションを増やす一方、「松茸の味お吸いもの」「あさげ」「すし太郎」「麻婆春雨」「おとなのふりかけ」など、次々に新商品を投入した。

加工食品業界の新商品開発競争は苛烈である。あまたの新商品が泡のように消えていく中、永谷園がヒット商品を生み続けているのは、時代の流れと保守的な人間の舌を結びつけた——つまり、実際には作るのを面倒くさがるようになった日本の伝統食を、手軽に、しかも美味しく食べられるようにし、「安かろう、まずかろう」といわれたインスタント食品のイメージをも一新したからだ。

たとえば「あさげ」は、上等の麩やワケギを入れて高級感を出し、「一袋四〇円」と当時の一般的な即席味噌汁の四倍の値段だったが、「インスタントとは思えない味」と好評を博した。

ブランドメーカーの第一の要件は「先手必勝」である。しかし、新製品開発はリスクと緊張を伴う。だから嘉男は「決断はトップの務め」と、開発のゴーサインは常に自ら出した。画期的なアイディア食品を次々に開発し、即席食品のイメージを一新させた嘉男。創造力と行動力、そして経営者としての覚悟を兼ね備え、まさに「味ひとすじ」に生きた傑物だった。

同社の原点は「家庭で美味しいお茶漬けを食べたい」という思いから生まれた「お茶づけ海苔」である。皆が食べるものなのに、どこにもなかった商品。誕生から半世紀以上経った今も、その味はほとんど変わっていない。

Ⅱ

使命

除虫菊に含まれる殺虫成分に着目
渦巻型蚊取線香を生み出す

上《うえ》山《やま》英《えい》一《いち》郎《ろう》【大日本除虫菊／創業者】

誰もが知っている鶏のマークの「金鳥」の蚊取線香。この超ロングセラー商品を生み出したのは、上山英一郎。除虫菊に含まれる殺虫成分と繁殖力に注目して栽培の普及と用途開発に邁進、渦巻型蚊取線香を完成させて日本防疫史にその名を留めた。のみならず、輸出立国を目指して除虫菊乾花・粉の販路を世界的に拡大して、多額の外貨を稼ぎ出した。

米国から送られた除虫菊の効能に注目 雄大なビジネス構想に胸を躍らす

江戸末期の文久二（一八六二）年、上山英一郎は和歌山県有田郡（現・有田市）の旧家に生まれた。代々、紀州蜜柑《みかん》の栽培で繁栄し、明治初期ですでに三〇〇年を超える歴史を有する裕福な家の七男として、のびのびと成長。東京に出て慶應義塾に学んだ後、郷里に帰った英一郎は、明治一八（一八八五）年一月、二二歳で蜜柑輸出を目的とした上山商店を設立した。

その直後の三月、恩師・福沢諭吉の紹介でサンフランシスコの植物会社社長、H・E・アモアが訪ねてきた。アメリカ本土で蜜柑の栽培と販売を計画していたアモアは、言ってみれば商売敵だが、英一郎は自家の蜜柑園に案内し、帰りには柳行李《やなぎごうり》に蜜柑を詰め、竹や菊など日本の苗を添えて手渡した。

感激したアモアから、翌年一月、〝お返し〟として送られてきた数種類の種の中に除虫菊の種子があった。花の子房に含まれる「ピレトリン」が殺虫成分で、「アメリカでは、この植物を栽培して巨万の富を得た人も多かった」との手紙も添えられていた。痩せた土地でも繁殖し、気候温暖な土地なら種を播いてから一年半前後で収穫できると知って、英一郎は「農家に勧めて量産すれば貧しい農家を救える」と、除虫菊栽培の奨励を決意した。

早速その種を播くと無事に育ち、翌明治二〇年五月に初の収穫を迎えた。ほとんどの花は種をとるために残したが、一部の花を乾燥させ、手回しの石臼《いしうす》で製粉してみると、当時ドイツから輸入されていた市販の蚤取粉《のみとりこ》同様の効果がある。英一郎は「除虫菊を輸出商品に育て上げ、貿易立国に尽くそう」とさらに雄大な構想を持った。

栽培普及を目指し全国行脚 研究を重ね、粉末から線香へと製品化

明治二一（一八八八）年四月に上山商店を上山英工場と改称して工場を建設した英一郎は、除虫菊栽培の普及を目指して長期の全国行脚に出発した。しかし「米や麦の三倍収穫できる」とどんなに力説しても、見たこともない植物の栽培に、農家はおいそれと乗ってはくれない。挙句の果て、「山師かペテン師ではないか」と疑われる始末。

田畑一反歩《いちたんぶ》（約三〇〇坪）の地価が五〇円くらいの当時、除虫菊の種は一合（約一八〇cc）五円と途方もなく高価だったが、それを無料で分け与えたことも一度や二度ではなかった。そんな努力が効を奏し、除虫菊を栽培する人も徐々に増えてきた。

東奔西走による奨励に限界を感じた英一郎は、殺虫剤としての効能や栽培・乾燥・製粉法を詳しく書き、苗の定価表も付けた『除虫菊栽培書』を明治二三年八月に発刊、以後、毎年改訂して無料配布した。また、同年に東京で開催された第三回内国勧業博覧会に出品した除虫菊粉が有功賞牌を受賞したのを手始めに、内外の博覧会や品評会で次々に受賞、これが製品の声価を高めた。

さらに、英一郎の活動に注目した大阪朝日新聞が、明治二五年五月、「除虫菊は農村の副業として極めて有利な作物であり、上山英一郎は国家的利益という見地から奨励している」という記事を掲載、続いて他紙や雑誌も同様の報道をしたことが世人に注目され、普及への大きな支えとなった。

マスコミの威力を知った英一郎が、明治二七年三月、全国主要紙に「除虫菊種苗分与す」の広告を掲載すると、全国から注文が殺到し、ようやく量産への途に明かりが見え始めた。すると、これに気をよくした地元の村では、同年「独占事業にして利益をあげよう」と資本金五万円の「除虫菊会社」の設立を決議、満場一致で上山英一郎

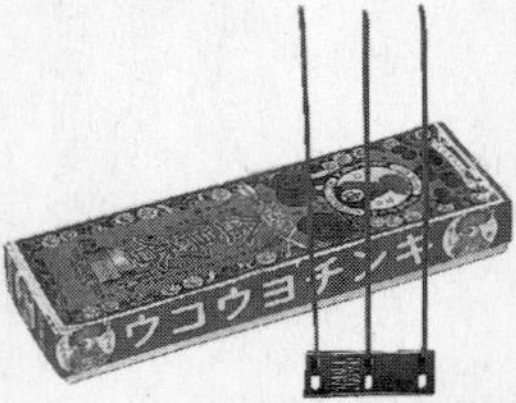

明治23（1890）年発売の棒状蚊取線香

を社長に推薦した。しかし、英一郎は「種苗も資本も公開して全国的に栽培普及を図るべきだ」と主張して社長を固辞、会社は即日解散した。

栽培に力を注ぐと同時に、英一郎は除虫菊の用途開発にも目を向けた。最初は、乾燥させた花を粉末にして、おがくずなどと混ぜて火鉢や香炉の灰の上に撒《ま》いて火をつけ、蚊《か》遣《や》りにした。しかし、灰が飛び散るうえ、夏に火鉢というわけにもいかない。

もっと使いやすい方法はないものかと思案していたが、明治二一（一八八八）年、農家への普及活動の途中、東京・本郷の石川屋旅館で同宿した線香屋の伊藤と話しているうちに「線香状にしてはどうか」と思いついた。早速、舶来蚤取粉を買い込み、竹筒を使って試作してみたが、手間がかかってとても量産できそうにない。

線香作り会得のため、従業員を堺市の線香店に奉公させたが、やらされた仕事は乾燥場へ線香を運ぶだけ。しびれを切らして「早く製法を教えてほしい」と言わせると、「秘伝を盗みにきたのだろう」と追い出されてしまった。

結局、本職の線香職人を雇って、明治二三年、やっとの思いで棒状蚊取線香の製品化にこぎつけた。除虫菊の花を乾燥させて粉末にし、それに糊粉と蜜柑の皮の乾燥粉を加えて十分に練り上げて木臼に詰める。そして、一人がテコの原理を利用して締め付けて押し出し、もう一人が切り取って線香状にするという方法で、東京の旅館でヒントを得てから二年後であった。木臼づくりの職人は仏壇線香の主産地・堺市でも一人しかいないという時代であったから、線香の製法が〝企業秘密〟だったのも不思議ではなかった。

なお、明治二二年、同郷のゆきと結婚、九月には長男が誕生している。妻と息子は後に英一郎の事業拡大に大いに貢献することになる。

妻の助言で渦巻型蚊取線香が誕生
超ロングセラー商品に

蚊取線香と言えば、今なら誰でも渦巻型を思い浮かべるだろう。しかし、最初に製品化されたのは、鉄製の台に立てて使用する棒状だった。これでは折れやすいうえに、煙も少ない。持ち運びを考えると、長さも限度があり、約四〇分で燃え尽きるものし

渦巻型蚊取線香の手巻き作業の様子

かできない。

「もっと使いやすく、しかも、効果の上がる線香はできないものかなあ」

思案に暮れる英一郎に、妻・ゆきが言った。

「ほなら、棒を太く長くして、それを渦巻型にしはったら?」

このひと言が、画期的な「渦巻型」誕生のきっかけになった。明治二八(一八九五)年のことである。早速、打ち抜き木型を作って試作品を作った。

当初は、原料を詰めた型から押し出すのに手間がかかって量産できそうもなかったが、試行錯誤の結果、手巻きの方法にたどり着いた。太い棒状の線香を一定の長さで切り、木で作った芯を中心にして二本ずつまとめて巻くのである。手先が器用な女工たちはすぐに熟練して、一日に三〇〇〇巻から五〇〇〇巻を仕上げる者もいた。

次の問題は、乾燥方法だった。板の上だと線香がくっつく。夏は原料中の糊が腐る。失敗の連続で困っていると、「金網の上で乾かせてみはったらどやろ」と、妻・ゆきがまたもや提案。やってみると、網についたりもせず、大成功である。

明治三三年には発明特許を出願、大量生産の目途も立ち、渦巻型蚊取線香の市販が実現したのは、着想から七年後の明治三五（一九〇二）年であった。

一巻で七時間と、日本人の平均睡眠時間と同じ時間にわたって燃え続け、効力を発揮する蚊取線香が誕生。後年、手巻きは機械による打ち抜きに改善されたが、金網に勝る乾燥法はなく、蚊取線香の基本的な製造法は現在もまったく変わっていない。

世界を視野に、輸出立国を目指して精力的に販路を拡大する

渦巻型の開発に取り組みながらも、当初から輸出立国・日本を構想していた英一郎の目は海外に注がれていた。とくに英一郎が着目したのはアメリカ市場だった。国土が広大なだけに、害虫発生もその被害も、スケールが桁違いに大きく、除虫菊の大量消費国だったのだ。

明治三〇（一八九七）年、同郷のサンフランシスコ領事・陸奥広吉《むつひろきち》に紹介の依頼状を送付すると、翌年、陸奥から承諾の返事が届いた。早速英一郎は商品の説明や取引条件などをしたためた手紙に添えて、見本の除虫菊を送った。これがアメリカへ渡った初の日本産除虫菊で、横浜の外人商館を通じてアメリカに除虫菊乾花が初輸出されたのは、その三年後の明治三四年のことだった。

世界的視野で除虫菊の生産状況を見据えていた英一郎は、臨機応変に動いた。明治三二年、旱魃《かんばつ》で国内産が半減したときは、大豊作だったヨーロッパ産の除虫菊乾花を安く仕入れ、輸入した。これは六年後にヨーロッパの原産地が凶作になったとき、日本産の除虫菊の輸出につながる契機になった。

日露戦争で勝利した日本は、富国強兵の道をひた走り、新しい輸出商品として除虫菊にも衆目が集まった。生産の中心地は瀬戸内から北海道へと広がり、大正一二（一九二三）年の生産量は一九万貫（約七一二トン）と、一〇年間で約二〇〇倍にもなった。

明治三八（一九〇五）年に「日本除虫菊貿易合資会社」を設立した英一郎は、翌年一月、ロシア沿海州の中心都市ウラジオストックに初の海外支店を開設、明治四〇年には、その視察を兼ねて、モスクワ、ベルリン、パリ、ロンドン、アメリカへ、市場調査のため外遊した。

帰国後、明治四二年には「日本貿易輸出合資会社」を設立。世界各地に販路を拡大し、除虫菊の乾花・粉の輸出は順調に滑り出した。

業界の創始者としての気概を込めて不朽の金鳥ブランド制定

明治四三（一九一〇）年は、英一郎にとって生涯忘れられぬ最高の年であった。

この年の二月、それまで使用していた「金鳥」マークを商標として登録した。ブランドの「金鳥」には、業界の創始者としての自負と気概が込められている。これは英一郎が信条としていた中国史上初の歴史書『史記』の中の「蘇秦伝《そしんでん》」の一節「鶏口となるも牛後となる勿《なか》れ」、つまり、「大国の配下につかず、小国のトップを目指せ」に由来する。「今後も常にトップメーカーであり続け、品質、信用、経営のどの角度から見てもナンバーワンであり続けるという決意」と、「世界中どこの国にもいて、朝には時を告げ、卵を産んで人々の暮らしに役立っている鶏のように、自社の製品が世界中で親しまれ、愛され、人々の役に立ちたい」という夢をも、この商標に託したのだ。

金鳥マークもパッケージも、若干の変更はあっても、基本的なデザイン、全体のイメージは、今日に至る約一〇〇年もの間、ほとんど変わっていない。

同じ年、紀州工場に除虫菊製粉用としては日本で初めての電動製粉工場を建設した。導入した電動製粉機は、手回しの臼から踏み臼、水車動力、電力へと、英一郎が二〇余年の歳月をかけてたどり着いた理想の機械であった。

さらに一〇月には除虫菊の導入から栽培の奨励、製品化、輸出に至る努力が認められて、五〇歳の若さで藍綬褒章を受章した。英一郎の人生半ばでの受章は、除虫菊を輸出商品に仕上げ、外貨を稼ぎ出したこと以上に、除虫菊の持つ力に人々の驚異の目が向けられた証《あかし》であった。

明治三〇年前後は毎年赤痢で二万人以上が、四〇年にはペストで三〇〇人以上が死んでおり、四四年にはトラホーム患者が六万人を超え、日本人は疫病の恐ろしさをイヤというほど経験していた。衛生思想が急速に高まっていた時代、従来の祈禱・祈願でなく、科学的な方法で伝染病を予防することの重要性や価値を、この蚊取線香が人々に認識させたと言ってもいいだろう。

欧米で人気の薄荷を事業化
「英一郎＝創る人」「勘太郎＝売る人」の父子連携

日露戦争終結後の不況や除虫菊業界への相次ぐ新規参入にもほとんど影響されることなく、英一郎の事業は極めて順調だった。

大正二（一九一三）年、英一郎は薄荷《はっか》にも手を伸ばした。江戸時代から栽培されていた日本産薄荷は良質で、歯磨き、菓子などに大量に消費される欧米で人気が高かったからである。

大正四年八月、大阪市西区に店舗を開設、翌年五月、「日本メンソール製造」を創立して生産、輸出を開始、大正七年四月には「日本薄荷製造」を設立して兵庫県川辺郡にメンソール精製工場を建設するなど、後発の薄荷事業も順調に推移していった。

一方、除虫菊事業は、大正二年一月に、それまでの粉に加え、液の特許を取得した。これは二一年後の昭和九（一九三四）年四月に商品名「キンチョール」で発売され、人気を博すことになる。

大正八（一九一九）年四月、三〇年来の屋号「上山商店」を改め、「大日本除虫粉」

殺虫剤「キンチョール」の名称は現在まで続く。写真は昭和27（1952）年発売のエアゾールタイプ

を設立して、本社を大阪市に置いた。翌九年四月、兵庫県尼崎市外に除虫粉製造工場を設置、同年一一月には日本薄荷製造を大日本除虫粉に吸収合併した。

大正二年、東京高商（現・一橋大学）を卒業した二四歳の長男・勘太郎が上山商店に入社した。

勘太郎は覇気、先見性など英一郎の企業家精神を存分に受け継ぎ、また、スマートで才気と行動力にあふれていた。とくにマーケティング感覚に優れており、ネーミングに抜群のセンスを発揮した。

大正一一年に英一郎が開発した蠅《はえ》とり用の紙やリボンに、当時の野球ブームを反映し、「ナイスキャッチ」「フライ（蠅）トル」と名づけた。外国語をもじった「カキラー（蚊殺し）」「ポケットドクトル」「恋の痛手」と意表をつくものなど、ハイカラかつ新鮮なものを次々に考案、明治末年まで「金鳥印」「日本除虫印」「旭菊印」の三つだけだった商標は、大正から昭和初期にかけての一〇余年間で約七〇件が登録され、商品名は数、センスの両面で大きく変わった。

勘太郎は、また、カラーポスターや店頭ＰＯＰなどを数多く制作し、トラックに飾りをつけて街頭に繰り出したり、懸賞つき大売出しの新聞広告を打つなど、ユニークなアイディアを打ち出した。

英一郎は「創る人」、勘太郎は「売る人」という役割が自然にでき、社業は伸びていった。

海外戦略も、広い視野で市場を見る勘太郎に引き継がれ、除虫菊の最大の消費地・アメリカを完全に掌握すべく、大正一一（一九二二）年五月、ニューヨークにアメリカ支店を開設、支店長にアメリカ人を起用した。財閥系の大手商社でも難しかった先進国現地人の採用であった。

英一郎・勘太郎父子は順調に菊花の輸出を伸ばし、昭和三（一九二八）年の輸出額は乾花が八〇〇万円、蚊取線香など加工製品が一〇〇万円と、総額約一〇〇〇万円に達するほどで、日本の輸出品目の中で二〇位前後にランクされるまでになった。しかし、国内での消費量は総生産量の二割に満たなかった。原料輸出先のアメリカから、二次製品を高値で輸入していたからである。

「真の貿易立国実現のためには、原料輸出だけではなく、付加価値を高める必要がある」――その英一郎の信念を具体化したのが勘太郎である。「メンソレータム」などの輸入品に対抗して、昭和三年一月、自社精製の薄荷脳を原料として製剤した家庭常

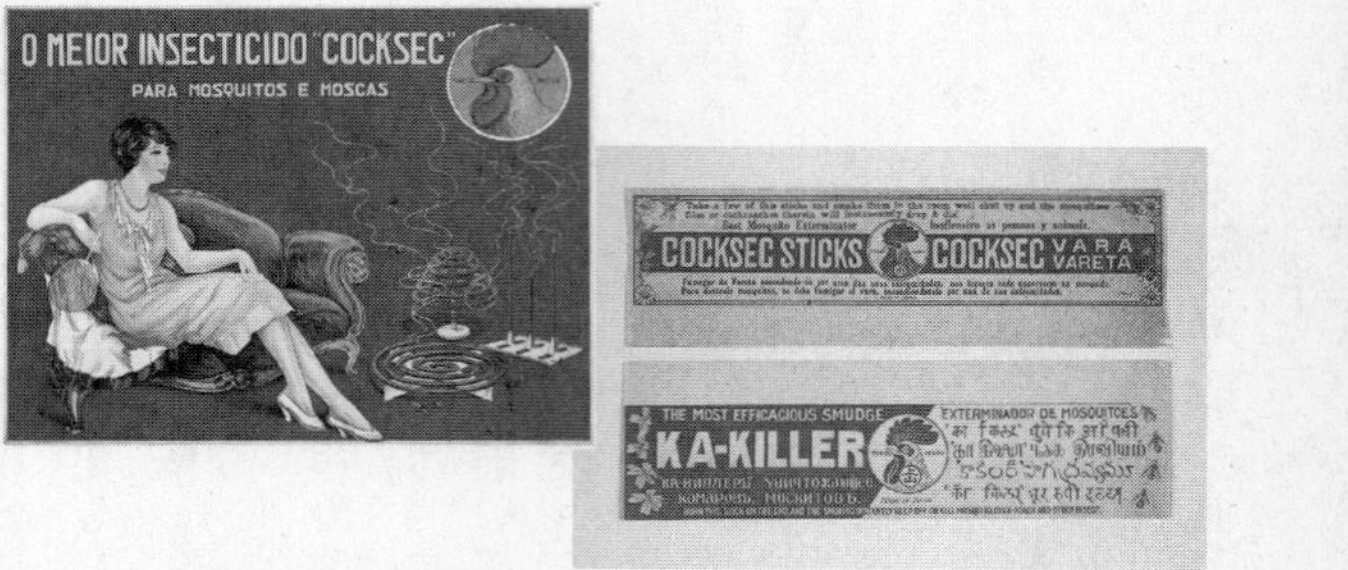

海外向けの広告ポスター（左）と輸出用ラベル。
除虫菊事業は日本の主要輸出品目の一つとなった

備薬「ペルメル」を発売。屋外、時計台、アドバルーンなど多様な手段で強力な広告宣伝を展開した。

突然の長男の訃報に茫然自失
現在も社名に受け継ぐ「除虫菊」

昭和五（一九三〇）年一月、勘太郎が社長に就任、英一郎は取締役として残った。昭和一〇年三月には社名を現在の「大日本除虫菊」に変更、二年後には生産設備増強のため、大阪工場を建設し、さらに昭和一七年、現・本社所在地の大阪市西区土佐堀二丁目に本社を移転するなど、すべてが発展し続け、希望に満ちあふれていた。

突然悲報が届いたのは、昭和一八年の正月のことだった。陸海軍嘱託として東南アジアに出張中だった勘太郎が、年末にシンガポールで飛行機事故に遭い、即死したという。働き盛りの五三歳だった。

五年前に日本勧業銀行を辞してすでに副社長を務めていた三男・英夫がすぐに社長を引き継いだ。とは言うものの、視野の広さや商売のセンスは父を凌ぐものを持っていた勘太郎に後継者としてすべてを託していた英一郎は深い悲しみに襲われ、幾晩も涙が止まらなかった。

驟雨《しゅうう》しきり　ありにし兄を偲ぶ哉

今にしも消ゆる身ながら　子を思ふ

はてなく悲し　昭南の空

勘太郎を思う歌二首を書き遺したその二カ月後の同年九月七日、英一郎も後を追うように、日本の除虫菊発祥の地である和歌山県有田郡保田村の上山家本邸で没した。享年八二歳であった。

英一郎の曾孫である同社の上山久史専務は、英一郎とゆきについて次のように語る。

「世代が違い、実際には会ったことはありませんが、和歌山県須佐神社の頌徳碑をはじめ、さまざまなところで会いますので、私の心の中で英一郎は身近なご先祖様です。伯母の記憶では、英一郎は和歌山から大阪に出てくる時は、羽織袴に靴ばきで、まるで坂本龍馬のような少しモダンな出で立ちだったとのこと。また、ゆきは働き者で、八〇歳になっても自分で着物の洗い張りをし、縁側の廊下に張って干していたそうです。多少不精な感じもしますが、これもアイディアウーマンの合理性かとも思います」

＊

渦巻型蚊取線香は、マット式、リキッド式、電池式など、新製品が次々に登場する中、今なお、同社の全殺虫剤の三割を占めている。また、日本中に浸透したブランド名に社名を変えず、「大日本除虫菊」としているのは、同社の創業・発展の原泉である除虫菊に感謝と敬意を込めている表れであろう。

子どもたちの健康増進に グリコーゲンの事業化を決意

江《え》崎《ざき》利《り》一《いち》【江崎グリコ／創業者】

「一粒三〇〇メートル」というユニークなキャッチコピーの菓子「グリコ」。大正時代、江崎グリコの創業者・江崎利一が、九州・筑後川の川原で大鍋からあふれるカキの煮汁に遭遇し、その栄養価に注目したことが誕生のきっかけだった。幾多の困難に立ち向かう中、〝玩具付き菓子〟という画期的アイディアで経営基盤を確立、総合食品メーカーへの道を切り拓いていった。

一八歳で一家六人の生活を肩に負う
葡萄酒の瓶詰めで九州一に

江崎利一は、明治一五（一八八二）年一二月、佐賀の片田舎に、薬屋の長男として生まれた。教科書代も出してもらえないほど貧しかったが、成績は抜群だった。校長と地元の素封家が「奨学金を出すからぜひ中学に」と再三申し出たが、父が「人の世話になると一生頭が上がらない」と固辞、高等小学校卒業後はすぐに家業に入った。

商売の本質を教えてくれたのは、近所の篤学の士・楢村佐代吉《ならむらさよきち》であった。

「売る人と買う人の両方に利益がなければ商売は成り立たないんだよ」

その言葉は利一の一生のバックボーンとなった。

明治三四年六月に父が他界、六人家族の全責任と多額の借金返済が一八歳の利一にのしかかった。早朝は茶がゆの味付け用の塩を売り歩き、夕方からは登記代書業を開業した。課税額の速算表を考案して登記手続日数を短縮するなど能率的かつ親切なこの代書屋は、評判を呼んだ。

死に物狂いで働いた結果、明治三七年四月、日露戦争に召集された時には、借金を完済したうえに、かなりの貯金までできていた。除隊後結婚、本業の薬屋に専念した。『商業界』『實業界』など専門誌を購読して広告宣伝の勉強にも励んだ。

大正四（一九一五）年の春、佐賀の町を歩いていると、ある店で葡萄酒の空き瓶を大量に荷造りしているのに出くわした。

「大阪方面に送り返し、中身を詰めて何回も使うとですばい」。そう聞いて「樽ごと仕入れて瓶詰めにすれば手間も費用もかからないじゃないか」と、さっそく長崎から大樽を仕入れて始めた栄養強壮剤・葡萄酒の瓶詰め・量り売りは大いに当たり、九州でトップの葡萄酒業者になった。

グリコーゲンとの運命的な出会い
試行錯誤の末、「栄養菓子」誕生

有明海は仙台、広島と並ぶカキの産地である。しかし、そのほとんどは干し身にして中国へ輸出していた。

大正八（一九一九）年三月、利一は筑後川の川原で、その後の人生を変える出来事に遭遇した。カキを炊く大釜から煮汁がふきこぼれているのを見て、内務省栄養研究所長・佐伯矩《さえきただす》が薬業新聞に「カキには多量のグリコーゲンが含まれている」と書いていたのを思い出したのだ。グリコーゲンは「エネルギーの素」と言えるほど栄養価が高いもので、当時、医薬界で注目と賞賛を浴び始めていた。

「煮汁を分けてほしい」と漁師に頼むと、「どうせ海に捨てるもんだ。いくらでも持ってけ」と言う。ワクワクしながら二本の一升瓶に詰めて持ち帰り、ガーゼで漉して、水飴くらいにグツグツと煮詰めた。

九州帝国大学付属医院に分析してもらうと、四〇パーセントものグリコーゲンに加え、ヘモグロビンの媒介となる銅分も含まれていた。

「えらいものを見つけたぞ！」。利一は小躍りした。

その頃、チフスにかかった八歳の長男・誠一の衰弱がひどく、医者もさじを投げていた。医者の了解を得てカキのエキスを食べさせてみると、誠一の病状はメキメキと快方に向かい、体力も回復した。これによって利一は「グリコーゲンの事業化」を決意する。

当初は薬にしようと考えていたが、九大の医師に「病気を治すより、病気にかからない体をつくることが大切」と言われ、「それなら子どもが大好きなキャラメルに入れよう！」と思い至った。

試作品を次々と作ってみたが、はじめのうちは、とても食べられる代物ではなかった。なんとかアメらしい味にするのに、二年の歳月を要した。

あの永遠のロゴとコピーが誕生
三越に商品が並んだ日を後年、創立記念日に

利一は着々と製品化の準備を進めた。名称はグリコーゲンに因《ちな》んで「グリコ」。アメの形にもこだわった。考え抜いた末に行き着いたのは「ハート型」である。ハートは人体の中心であり、真心を表す。それに角型より口当たりや舌ざわりもいい。とはいえ、やわらかいキャラメルをハート型に抜くのは予想以上に困難で、成功したのは、大阪に出てからであった。

中身の次はパッケージだ。当時、菓子店に並ぶ商品は森永ミルクキャラメルを真似て黄箱がほとんどだった。しかし、同じようなものでは人目を引かない。すぐにわかり、しかも食欲をそそる色は何か――いろいろ考えた末、「赤箱」にした。

仕上げは商標とコピーだ。近所の八坂神社で考えにふけっていてふと見ると、子どもたちがかけっこをしていた。先頭の子はいつも、両手を大きく上げてゴールインす

る。「このポーズこそ健康の象徴だ！」。利一は心の中で叫んだ。その姿を絵にして、すでに描いていた動物や花のマークとともに近くの小学校の生徒たちに見せてみると、圧倒的に〝ゴールイン〟が支持された。こうしてグリコ永遠のマークが決まった。コピーは簡潔で力強く、しかも栄養菓子グリコの性格を十分に表したものでなければならない。その頃「博多まで」というアメ玉があった。佐賀から汽車に乗るとき一粒ほおばると、博多に着くまで長持ちするというのである。これをヒントに「一粒三〇〇メートル」にたどり着いた。実際、一粒のグリコには、三〇〇メートル走るだけのカロリーが含まれていた。

すべての用意が整い、大正一〇年三月、三八歳の利一は一家をあげて佐賀から大阪へ移った。「薬種業、葡萄酒業で成功しているのに、何を今さら……」という、周りの人々の反対を押し切っての上阪だった。

満を持してグリコの販売に乗り出したものの、知名度が低い「グリコ」はなかなか売れない。そこで「商品の価値を高めるには小売店の頂点・三越で売り出すのが一番」と、三越大阪店を飛び込みで訪ね、商談を重ねた。どんなに断られても後へ引かない利一の粘りに、三越も根負けして、ついに大正一一（一九二二）年二月一一日、売り場にグリコが並んだ。その日の喜び・感激を生涯忘れず、利一は後にこの日を創立記

ゴールインのマークと「一粒300メートル」のキャッチコピー。
お馴染みのマークも時代により微妙にデザインの変更がある。
写真は初代、大正11～昭和３（1922～28）年まで使用

念日とした。

その後、多くの菓子店がグリコを並べ、新聞広告も出したが、なかなか売れず、経費ばかりがかさむ。利一は徹底した経費削減作戦に出た。ただ、広告宣伝だけは〝人を動かす術〟との考えから、継続した。グリコ二粒を入れた試供品、クーポン一枚と四銭で五銭のグリコと交換できる「クーポン付きチラシ」、神社のおみくじにヒントを得た無人の「公徳販売機」等々、さまざまな工夫を凝らしたが、それでも売上アップにはつながらなかった。

節約作戦二年目のある晩、若い従業員四人がやってきて「大将の言うとおり頑張ってみたけど、もう見込みがありまへん」と言う。利一は思わず彼らを叱りつけた。

「辞めるなら辞めろ！　私は一人でもやり通す」

しかし、それは自分自身への叱咤であった。表に出て、家の前の高台橋《たかきやばし》から川面を見ていると「いっそ、このまま川に飛び込もうか」、そんな考えが頭をよぎる。ハッと我に返り「まだあらゆる手段を尽くしたとはいえない。死んだ気になって頑張ろう」と思い返した。

翌日四人が「もう一度やらせてもらいます」と申し出、全員でそれまで以上に営業に走り回った。

やがてだんだん上り調子になって、栄養重視で二の次だった〝味〟も改良した。収支が初めて黒字になったのは、大正一三年春。三越にグリコを持ち込んでから約三年が経っていた。

返品の山と取引銀行の倒産
体当たりで大手銀行に手形割引を交渉

大正一四（一九二五）年一月、それまでの堀江工場から豊崎に工場を移転、従業員は堀江時代の二倍近くの五〇人になった。積極的な拡販で、三月になると問屋から注

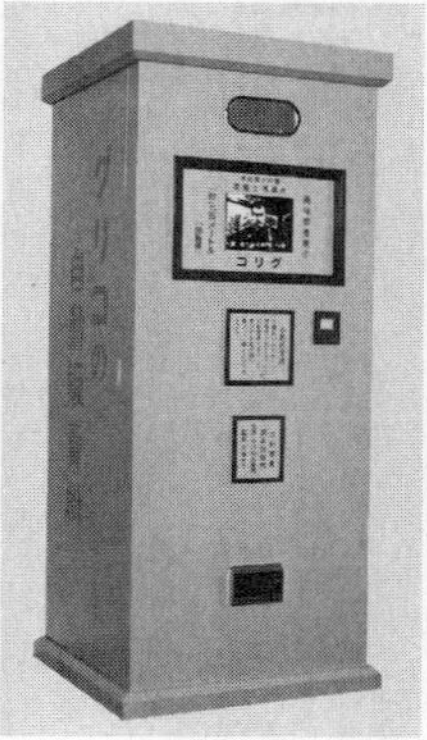

映画付きグリコ自動販売機
（復元・左）とそのチラシ

文が殺到、フル生産が続いた。

ところが、どうにか軌道に乗った矢先の夏のはじめから続々と返品がくる。末端の小売店での売上につながっていなかったのだ。菓子屋の倒産のほとんどは返品によるとわかっていたのに、油断して調子に乗りすぎたのだ。再販や再生産に回すなど、返品処理に全力をあげ、一年半でようやく危機を打開した。

と思う間もなく、今度は昭和二（一九二七）年四月、唯一の取引銀行だった近江銀行が倒産、手持ち現金以外、すべての資金を失った。

「あわてるな。落ち着け」

自らに言い聞かせ、利一は淀川に釣りに出かけた。大きな流れを見ているうち、水の中に北浜の銀行街が浮かんできた。

「ヨシッ！　大銀行に体当たりで頼もう！」

すぐに第一銀行（現・みずほ銀行）大阪支店を訪ね、手形の割引を必死で頼んだ。「半年以上のお取引がなければ」と当初は断った銀行も、生産・販売計画を具体的に説明して事業に対する信念を切々と訴える利一の熱意に打たれ、ついに応じてくれた。

創意工夫で「一一ンが五」の商法を確立し、経営を軌道に乗せる

商売発展のカギは、ちょっとしたところにある。要はそれをどう見つけ出し、どう生かすかだ。

利一が「一一ンが五」と常識の壁を越えた商法を確立したのが、昭和二年に創案した〝オマケ〟である。子どもにとって「食べること」と「遊ぶこと」はどちらも大事だ。

「オヤツとオモチャを一緒に提供すれば、大きな魅力になる」

決定打は昭和四年に始めた〝オマケサック〟である。別々の箱に収めたオマケとグリコを一つにくっつけたものだ。

「子どもがオモチャと取り組んでいる時は真剣そのもの。オマケとはいえ、慎重を期

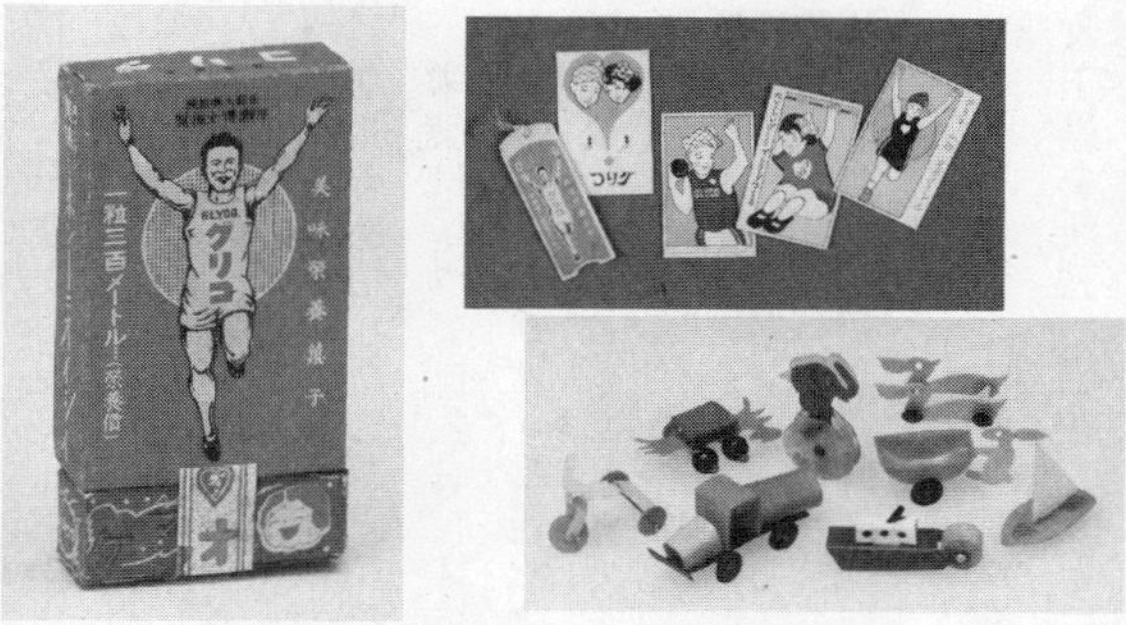

昭和４（1929）年からグリコに「オマケサック」がついた（左）。
オマケの玩具は絵カード（右上、大正10〜15年）やセルロイド製のミニチュア（右下、昭和28〜32年）等、時代によりさまざま

さなければならない」と、利一は非教育的なもの、危険なもの、衛生的に害のあるものは一切採用しなかった。学者、デザイナー等、専門家の意見も求めた。

製品価値は高まったが、包装作業は面倒を極め、「コスト的に無理」と従業員は皆反対した。しかし、利一はあきらめなかった。ここでも人一倍の努力と工夫で不可能を可能にしたのである。

事業はようやく軌道に乗ってきた。昭和六年三月には、五年前に東京・神田に開設していた出張所を「支店」に改称、本格的な東京進出を果たした。オマケサービスはクーポン券収集による賞品提供に発展させた。日本初の映画付き自動販売機をデパートに設置したり、マークの足が動くネオン塔を浅草に設置

して話題を集めたのもこの頃だ。同年一二月、東海道本線沿いの御幣島《みてじま》に大阪工場を新設、車窓から見える工場自体が宣伝効果を発揮した。

「創業時の勇気と熱意を失わないために〝第二の創業〟が不可欠だ」

利一は、新たな菓子の開発に着手した。酵母入りサンドビスケット「ビスコ」を発売したのは、昭和八年二月だった。新機軸は、クリームをビスケットに付着させるのに油脂を使用したことだ。それまで不可能とされていた製法だった。

栄養によって国民体位の向上に貢献しようという目的は、グリコの場合と同じである。ネーミングは「酵母ビスケット」の略称・コービスを逆にしたもの。グリコとも語呂が合い、ともに八画で末広がりであった。

勢いに乗って海外進出したが戦災で振り出しに戻る

昭和一〇年（一九三五）年中国の奉天（現・瀋陽）に、その四年後天津《てんしん》に、それぞれ工場を新設、昭和一五年にはカカオや熱帯植物の栽培加工を目的としたグリコ南洋産業を南洋のポナペ島に設立して、事業は順調に展開していった。

しかし、間もなく太平洋戦争が勃発。統制強化、物資の窮乏で生産は次第に減り、ついに生産中止となった。軍の命令で航空機生産に転換した工場は敵機の爆撃目標となって全焼、戦後は海外資産も接収されて、残ったのはトタン屋根のバラックだけだった。

工場の焼け跡に立って、利一は従業員たちに向かって、いや、むしろ自分自身を励ますために叫んだ。

「何もかも灰燼《かいじん》に帰したが、グリコという名前がある限り、必ず復興する！」

そのことはすぐに、事実が証明してくれた。八年間も中断していたグリコとビスコを再び発売する時、試しにほとんど広告せずに売り出してみたところ、想像以上の売上げがあったのだ。

「ノレンは焼けなかったんだ！」

三〇年近くかけて築き上げた信用というものが、いかに強く貴重なものかを、しみじみと嚙みしめた。

ようやく再建の目途も立った頃、大きな不幸が利一を襲った。昭和二五年七月、長男・誠一（当時・副社長）を亡くしたのだ。次期後継者と決め、バトンタッチを考えていた矢先だった。悲しみをこらえ、これを乗り切るほかはないと、利一は再び陣頭指揮をとって事業に専念した。

先にキャッチフレーズを決め、それに合った商品を作る！

「これからはオマケなしでも売上を伸ばせる、大人の嗜好に合った菓子を開発しなくてはならない」――そんな思いが生み出したのが「アーモンドグリコ」である。

森永製菓のミルクキャラメルには根強い人気があり、また、学校給食の粉ミルクの影響で人々の嗜好の主流はミルク系になっていた。

「同じような味では勝てない。違うやり方、新しい味が必要だ」

利一は、昭和五（一九三〇）年に産業視察団の一員として初めて渡米した時出会ったアーモンドに着眼した。

アーモンドグリコにすれば、口に含むとホエー（牛乳のエキス）の味が、噛むと香ばしさが広がる。利一に「一粒で二度おいしい」というキャッチフレーズがひらめいた。

商品ができてから標語を考えるのではなく、先に標語を決め、それに合ったものを

「アーモンドグリコ」の包装作業
（昭和31年、東京工場）

作るというのが利一独特の手法だ。

アーモンドの入れ方も、当初は粉末またはペースト状にする意見もあったが、「製造原価は一～二割高くなっても、今までにない商品を開発できれば、確実にモトは取れる」と、アーモンドは砕いて歯に感じる粒つぶで入れることにした。そうすれば標語もさらに生きる。

昭和二九年から開発に着手し、わずか一年後の昭和三〇年三月にデビューした「アーモンドグリコ」の爆発的な売れ行きで、アーモンドの名は一躍全国に知れ渡った。

〝ひと山一粒〟が大ヒット 菓子業界に新風を巻き起こす

菓子の主力はキャラメルからチョコレートに移

りつあった。さらなる前進のためには、チョコレートへの進出が不可欠だ。

森永製菓・明治製菓のミルクチョコレートは銀紙で包み、チョコレート色のラベルで巻いた板チョコだった。これら先発組に対抗して利一が考案したのは、形も味もまったく新しい「アーモンドチョコレート」だった。

アーモンドは、米国カリフォルニアでとれる高級品を使い、香りを引き立てるようローストして、チョコレートのひと山に大粒の一粒を入れる。チョコレートはアーモンドに最も合うミルク系。セロハンがけの箱入りにして高級感を出した。パッケージデザインは白地に赤の十字で、真ん中にアーモンドチョコを配した斬新なものだった。

ひと山にアーモンド一粒を入れる機械の開発は困難を極めた。「バラバラで入れてもおいしいのだから、一日も早く発売しよう」という意見もあった。しかし利一は「よそでできないことをやるのがグリコだ」と譲らなかった。

テストセールもせず、生産体制も未整備なまま、「アーモンドチョコレート」は、昭和三三（一九五八）年二月に関西で、その八カ月後に首都圏で発売が開始された。グラム単価がチョコレートの二倍以上もするアーモンドを使い、手間もかかるので、他社の板チョコに比べてかなり割高にならざるを得ない。そのうえ、製品が異色すぎて評判もいまひとつ。多くの問題を抱えたままの見切り発車であった。

しかし、総合菓子メーカーに脱皮できるかどうかは、アーモンドチョコレートの成否にかかっていた。専用の陳列台、新聞広告や電車の吊り広告、「五万名に実物見本進呈」や「山小屋が当たる」キャンペーン、三木鶏郎作詞作曲のCMソング、ラジオやテレビでの宣伝等々、社の総力を挙げて販売対策を展開した。その結果、デビューは大成功。アーモンドチョコレート発売後三年間で江崎グリコの売上は三倍と、驚異的な伸びを示した。

さらに昭和三七年春には、ベルギーの「'62モンド・セレクション」で、ナッツ部門一位を受賞、味、歯ざわり、香ばしさと三拍子揃ったアーモンドは、菓子業界に新しい世界を開いた。

利一は、昭和四八（一九七三）年一一月、会長に退いたが、その後も、昭和五五年二月に九七歳で世を去るその直前まで働き続けた。

座右の銘は「事業奉仕即幸福」。

「事業が道楽」の一生であった。

江崎グリコは、乳業や畜産部門も含めて「おいしさと健康」という創業の精神を忘れることなく、総合食品業として発展し続けている。

「国民の食糧確保」を使命として
海洋漁業の近代化を推し進めた男

中部《なかべ》謙吉《けんきち》【大洋漁業／第三代社長】

国内外の漁業・養殖から水産物の卸売や冷蔵、物流、缶詰などの水産加工・冷凍食品、さらにサプリメントや化粧品に至るまで、海の恵みを幅広く提供する総合水産食品会社のマルハグループ本社（旧・大洋漁業）。その歩みは、そのまま日本水産業の発展史ともいえる。

海と漁業に精通、同社の礎を成した男――それが第三代社長、中部謙吉である。

鮮魚の仲買・運搬問屋に生まれる　一四歳で迷わず家業に就き、海の男に

形《なり》は小さいが、体力があって運動神経も敏捷《びんしょう》、おまけに手先が器用で大工仕事など大人顔負けで、小さい頃から家の手伝いを一手に引き受けた。明治二九（一八九六）年生まれの中部謙吉は、風光明媚な兵庫県明石の海岸や周りの山野を駆け回り、のびのびと育った。

生家は代々漁師だったが、祖父の代に鮮魚の仲買・運搬問屋に転じ、さらに父・幾次郎が事業を拡大させていた。屋号は「林兼《はやかね》商店」。大洋漁業の前身である。社標の「㋩」は、屋号の頭文字をとったものだ。

幾次郎は、明治二八年にわが国で初めて石油発動機船を導入して、それまでの手漕《こ》ぎに比べて運搬時間を著しく短縮し、鮮魚流通を改革するなど、進取の気象に富んでいた。人情味にあふれた海の男で、六人の子どもに何事も強制しなかった。次男の謙吉はそんな父が大好きだった。父もまた、魚の買付けに行く船に謙吉を乗せ、デッキで商売や海のことなどを語って聞かせた。

「謙吉、これからどうするんや？」

高等小学校卒業を控えた春、父に進路を聞かれて、謙吉は即座に「家の手伝いをやる！」と答えた。勉強なら学校に行かなくてもできる。五つ年上の兄・兼市はすでに一人前の機関長になっていたし、何よりカッコいい仕事ぶりの父を手伝いたかった。

その頃、林兼商店は朝鮮海域の漁場にまで買付けの手を伸ばし、本拠地は山口県下関に移っていた。家業に就いた謙吉は、夜汽車で下関に着くと、その足で父が待っている巨済島《コジェド》へ向かった。

誇らしい初船出……のはずであったが、シケで船が木の葉のように揺れ、激しい船酔いに襲われて何も食べられず、三日三晩吐き続けた。やっとの思いで着いた時には海岸でへたり込むというさんざんの初陣だったが、一四歳で海の人生へ漕ぎ出した息子を迎えた父は「よう来たな。偉いぞ！」と肩をポンポン叩いて喜んでくれた。

大シケを決断力で乗り切る 活況を呼んだ独自の買付け方式

海で仕事をするには、まず船酔いを克服しなくてはならない。酔うと甲板に出て吐き、空っぽの腹にお茶づけを流し込む。食べては吐き、吐いては食べを繰り返すうちに、どんな荒海でも平気になった。

一六歳になると、父から一隻の船を任され、朝鮮でハモを買い付け、内地に運ぶ仕事を命じられた。船長という重責に緊張したが、一回目は無事に終わった。

「意外に楽なもんやなァ」。そんな気持ちで臨んだ二回目の航海の帰路。

「大変だ〜、船が沈む！」

叫び声に飛び起きて船首に駆けつけてみると、出航時には凪《な》いでいた海がいつの間にか猛烈に荒れ狂い、船はすでに七割方沈んで足元を波が洗っている。間もなく、浸水でエンジンまで止まってしまった。

全員必死でバケツによる排水作業を続けたが、埒《らち》が明かない。「もはやこれまで」と腹を据えた謙吉は、身元を示す住所氏名を書いた紙と手持ちの金を腹巻に入れると、機関室真上の部屋でぐっすり寝込んでしまった。

「シケが通り抜けたぞ！」という声に目を覚ますと、海は嘘のように凪いで太陽が照り付けていた。しかし、生簀《いけす》に満載していたハモは全部逃げてしまい、船の装備はすっかり吹き飛ばされている。

乗組員全員が「このまま下関に帰るしかない」と言うのを「手ぶらで帰っては親父

に申し訳ない。ここに三〇〇円ある。これでもう一度ハモを仕入れに行こう。船は俺が修理するから」と、やっとの思いで皆を説得して朝鮮に引き返し、漁師たちに出漁を頼み込んでハモを仕入れた。

これが大成功で、シケ続きとお盆休みが重なって、内地では魚の入荷が細っていたことに加え、生簀のハモが少なかったことが幸いして傷もつかず、通常の三倍の高値で売れた。生存さえ危ぶまれた中での謙吉の勇気と決断に、父は「ようやった」を連発し、普段は食べない商売用の生きたハモをすき焼きにしてくれた。

当時、鮮魚の買付けは魚の数を数えるか、籠《かご》に入れて目方を量る方法が一般的であった。しかし、それでは手間がかかるし、鮮度も落ちる。

謙吉は、生簀の魚を沖合いで目分量で買うことにした。

「おい、どれくらいある？」

「そうさな、ザッとみて五万尾だ」

「そうか。そっくりこっちの船の生簀に移してくれ」

相手の言い値で〝水ごと買う〟、そのうえ、面倒な数量検査もない謙吉のもとに漁師たちが押しかけた。謙吉は一見損をしているようだが、仕事は効率化するし、魚は活きがいいから、市場では高値で飛ぶように売れた。父に「魚は高く買って安く売るもんや」と叩き込まれ、自ら編み出した方式だった。

＊

大正八（一九一九）年、謙吉は二一歳で結婚した。形は見合い結婚だったが、実は父が謙吉のために「君んとこの娘を倅《せがれ》の嫁にくれ」と友人と話をつけてきたのだ。嫁の慶子《よしこ》を、父自身ぞっこん気に入って、人も羨《うらや》む可愛がりようだった。

しかし、その後六人の子どもを授かりながら、謙吉が四五歳の時、慶子は腸チフスにかかって四〇歳で他界、幸せな結婚生活は二二年で終わった。謙吉は仕事も手につかないほど悲嘆にくれた。チフスが憎かった。二〇万円（現在の約二億円に相当）を提供してチフス研究会を作ったのは、妻の霊を慰めたいと思ったからだ。

北洋漁業進出が吸収合併政策で挫折
捕鯨を任され、南氷洋に初出漁

大正一四（一九二五）年一月に本拠地を兵庫県明石から山口県下関に移した林兼商店は、同年九月、前年設立の林兼漁業と林兼冷蔵を合併して資本金一〇〇〇万円の「株式会社林兼商店」に改組、父の幾次郎が社長、兄の兼市が専務、謙吉が常務に就いた。

鮮魚の仲買・運搬業から所有船舶による漁業直営、さらに造船・造機、冷凍・冷蔵へと発展を遂げた林兼は、昭和二（一九二七）年、北洋漁業に進出、謙吉がその担当となった。

まず、船内に缶詰製造設備を持つカニ工船「博愛丸」でオホーツク海に繰り出した。しかし、国と既存業者らが結託して「乱獲防止、過当競争是正」を大義名分に、新規許可の制限、企業合同を画策。林兼商店は「寡占化は非能率・非経済を生む」と強く抵抗したが、他社は合同に応じたため、完全に孤立して、結局、操業日数一〇四日、製造函数二万一九五九函でカニ工船事業を中断した。次いで試みた流し網によるサケ・マス漁業も成功を収めたものの、再び国策によって吸収合併のやむなきに至った。

北洋漁業で八方ふさがりになった林兼商店は捕鯨の宝庫・南氷洋に活路を求めた。大正初期から日本沿岸での捕鯨の経験があり、その後も研究を続けていたし、捕鯨部には日本の砲手の第一人者、志野徳助もいた。しかも、日本から南氷洋にはまだどこも出漁していない。

「捕鯨船は新造しよう。しかし、二万トン級の母船とキャッチャーボート八隻で七五〇〇万円はかかる……」

この時、捕鯨のすべてを父に任された謙吉の手元には五〇〇万円しかなかったが、銀行などに掛け合って資金の目途をつけ、神戸の川崎造船所を訪ねて直談判した。

「初の国産捕鯨母船を至急建造してもらいたい」

川崎側は、謙吉の熱意と気迫に意気投合して「よし、造りましょう」と即答してくれた。七カ月の突貫工事で完成した「日新丸」は、昭和一一年一〇月、神戸港を出航した。その喜びも束の間、南氷洋捕鯨を強く勧め、船団長を務めていた志野が、豪州南端の最終寄港地で急逝、謙吉にとっても中部一族にとっても、悲愴な初陣となった。

戦争で外地事業と船舶の大半を失う　無からの再出発で食糧供給に貢献

翌昭和一二（一九三七）年六月には「第二日新丸」も完成、秋からは二つの船団による一層の捕鯨活発化が実現するはずだった。しかし、七月に日華事変が勃発、やがて太平洋戦争へと戦火が拡大すると、統制令によって林兼商店は「西大洋漁業統制株式会社」になり、母船はタンカーとして徴用され、その他三〇〇数十隻の持ち船もすべて供出させられた。

戦局が悪化するにつれて食糧事情も悪くなった。「魚さえ捕れればなあ」。謙吉には、役に立ちたいと思っても、漁もできない無念と苛立ちだけがあった。

それだけに、戦後の事業再開は早かった。昭和二〇年八月の終戦時には、持ち船も、樺太から南方まで拡大していた外地の事業も、すべて失っていたが、敗戦から四ヵ月後の一二月には資本金六〇〇〇万円で「大洋漁業」として新たなスタートを切った。「食糧供給が当社の務めだ。一日も早く届けなくては」という思いからだった。

船さえあれば魚はいくらでも捕れる。重役会で二一六隻の漁船建造計画を即決した。干天の慈雨に各造船所は活気づいたが、インフレの進行が予想外に早く、アッという間に諸費用が倍にふくれあがった。

謙吉は銀行に何度も足を運んでは融資を頼んだ。

「大洋漁業さんがなにも大造船所の面倒まで見ることはないでしょう」

「しかし、船主の私がカネを作らなくては船の建造はできません」

こうして一年のうちに一〇〇隻以上の船が完成、その後も造船を続け、終戦直後の食糧改善に大きく貢献したのである。

GHQの信頼を得て南氷洋捕鯨を再開
「軍への協力」を理由に公職追放

昭和二〇（一九四五）年暮れにはGHQ（連合国軍総司令部）から「水産物増産の近道」を相談され、さらなる増産のために南氷洋捕鯨を再開することにした。何しろ、一度に数万トンもの食糧や鯨油の供給が実現できるのである。しかし、母船やキャッチャーボートがない。調べてみると、工事を中断したままのタンカーがあった。それを転用して母船に仕上げ、昭和二一年の秋には、南氷洋に向けての出漁が再開できた。戦後の混乱や規制の中で迅速な仕事ができたのは、GHQの水産部長が、誠実な仕事ぶりの謙吉を信頼して、何かと便宜を図ってくれたからである。

仕事の面では順調だった謙吉だが、痛恨に耐えないこともあった。戦後間もない昭和二一年五月、父・幾次郎を亡くしたことと、翌年、レッドパージの対象になったことだ。

「公職追放令」の風が吹いた時、「林兼商店も地方財閥に該当するらしいぞ」という噂が立った。「それ相応の現金を包めばパージは逃れられますよ」と言う人もいたが、

戦後、タンカーから南氷洋捕鯨の母船に転用された日進丸

そんな裏工作をしたら会社の信用はゼロになる。それに、謙吉は自分が糾弾されるとは夢にも思わなかった。
ところが「あらゆる船を軍に提供した」などの理由で、中部家の人間全員が追放になり、株式も没収されてしまった。これにはどうしても納得がいかない。
「林兼商店は食糧供給以外いかなる事業にも携わっていないし、戦争を利用して儲けようとしたこともない。船は国に強制徴用されたものだ。軍への協力なんてとんでもない」
謙吉は誤解を解いてもらうべく必死で訴えた。主張が認められ、追放が解除されたのは三年近く後のことであった。

急逝した兄に代わり、社長就任
漁業交渉に出席、国際協調を図る

戦時の統制・徴用など障害や損失も大きかったが、中部謙吉は「国民の食糧確保」を使命として常に最大の努力をした。

昭和二五年頃からいち早く活況を呈したのは遠洋マグロ漁業だった。米国で肉より安いマグロ缶詰に人気が集まったことに加え、朝鮮戦争で軍需品にもなったからだ。

昭和二七（一九五二）年四月にサンフランシスコ講和条約が発効、それを機に念願の北洋での漁業が大洋漁業を含め三社に許可されたが、漁労方式は「流し網」（中層に浮かせた網に絡みついた魚を捕る方式）のみ。沿岸の建網方式（魚群の通り道に網を固定する方式）しか経験のない他社は尻込みして小型船一〇隻程度の編成だったが、少年の頃から父・幾次郎のもとで鍛えられ、魚の生態に関しても豊富な知識を持つ謙吉は「サケ・マスは水温四～五度の所に密集するから、そこに網を流せばよい」と、大型船三八隻の船団で積極的に打って出た。推理は見事に当たり、大洋漁業の漁獲高は他の二社の合計をも大きく上回り、大成功を収めた。

サケ・マス漁業船団

決断力と冷静な判断力のもと「さあ、これから頑張るぞ！」と意気込んだが、それから一年も経たない翌年三月、兄の兼市社長が六一歳で急逝した。父や兄と三人で築いた磐石の経営をこれからは一人で背負わなくてはならない。社長に就いた謙吉は、南氷洋捕鯨と北洋のサケ・マス漁を充実させ、昭和二九年～三〇年の二年間で、大きく業績を伸ばした。

戦後の水産界には大きな国際問題が生じていた。米国は南太平洋への日本漁船の進出を著しく制限。ソ連（当時）、中国、韓国などとも漁業紛争が頻発し、日本漁船の拿捕《だほ》が相次いだ。昭和二一（一九四六）年に締結された「国際捕鯨取締条約」（日本は昭和二六年加盟）でも大きな制約を受けた。「このままでは安定供給ができなくなる」と感じた謙吉は、日本代表として国際捕鯨会議などの国際会議に出席し、各国との協調を図った。

とくに思い出深いのは日ソ漁業交渉である。昭和三一年三月、突如としてソ連が公海の操業水域に規制ラインを布《し》いて日本漁船のサケ・マス漁業を制限、操業にもソ連の許可を必要とする規制措置を打ち出した。日本政府は直ちに河野一郎農林大臣（当時）を主席代表とする政府代表団をモスクワに派遣して漁業交渉を開始した。謙吉も委員として訪ソしたが、ソ連代表団の中に、戦前、東京の通商代表部にいた友人の顔がある。

「ジェイコフじゃないか！」

二五年ぶりの再会に二人は歓喜した。そのせいもあってか、ソ連との交渉は順調で、二週間後には漁業資源の保存・発展のために協同措置をとるための「日ソ漁業条約」が締結された。こうした国際的活動は謙吉の視野を一段と広く深いものにした。

「海は陸地の二倍以上もある。増加する世界人口の食料需要を満たすには、何よりの蛋白源である漁業資源を、さらに開拓・繁殖しなくてはならない。地球規模で水産資源を管理し、〝捕る〟だけでなく、〝育てる〟ことが大切だ」と、自ら養殖事業も開始した。

一方、「これからは、水産加工にも力を入れて付加価値を高めたい。そうすれば、流通が合理化できて、鮮魚より安く、しかも安定的に消費者に供給することができる」

昭和31（1956）年５月、日ソ漁業条約調印。
謙吉も国際交渉の場に出席した

とも考え、缶詰、冷凍のほか、昭和二八年には魚肉ハム・ソーセージを発売、総合食品メーカーへと脱皮した。新鮮な素材を使った大洋漁業の製品は、食生活の多様化にともなって人気を博し、著しい伸びを見せた。

しかし、社業伸張の真の要因は「うちの社員は他社の二割方余計に働く」という言葉の裏に見ることができる。子会社は七〇社以上になったが、謙吉は「一元化すると、陸上と船員の心の結びつきや冒険心が薄れる」と、あえて分散主義をとり、若い社員を傍系《ぼうけい》会社へ出して全責任を与え、存分に働かせたのである。これは、戦時中の水産会社統合に強く抵抗した父・幾次郎の考えと重なるものでもあった。

大洋ホエールズに三原監督獲得
いきなり日本シリーズで優勝

大洋漁業はプロ野球の球団「大洋ホエールズ」（現・横浜ベイスターズ）を持っていた。もともとは、野球好きの兄・兼市が作ったノンプロを、昭和二四（一九四九）年にプロ化したものだが、順位は常に最下位を低迷していた。

兄が亡くなった時、謙吉は会社の幹部に聞いた。「ホエールズをどうするか決めなくてはなぁ」。すると皆が「兼市社長が二〇年以上もやってきたんだ。優勝するまでやろう」と言う。「数千万円の赤字も広告料と考えればいいか」と思ったものの、その後も相変わらず成績は不振を極めた。

謙吉は〝優勝請負人〟と呼ばれた三原脩監督を、昭和三五年に西鉄から引き抜いた。するとナインは大張り切りで、なんとその年のセ・リーグで優勝、日本シリーズでも毎日大映オリオンズ（現・千葉ロッテマリーンズ）に勝って日本一に輝いた。「六年連続最下位から一気に優勝するとは！　どんなコツがあるのだ」と大変な騒ぎである。

「三原マジックでしょう」。謙吉は笑って答えたが、勝因は「長期不振だった要因は、

大洋ホエールズ（現・横浜ベイスターズ）の本拠地だった
川崎スタジアム

監督が頻繁に代わるから」と見抜いた眼力にあった。

＊

一四歳の時から六〇年余り、一貫して「海の男」だった中部謙吉は、昭和五二（一九七七）年一月、心筋梗塞のため八〇歳で死去した。その時まで二四年間社長を務めたが、大洋漁業の資本金は終戦直後の二五〇倍の一五〇億円、年間売上高は四八一四億円と、名実共に世界有数の総合水産食品会社に育っていた。

「タネがなくては、芽も出まい」

ニューオータニ／創業者　大谷米太郎《おおたによねたろう》

大谷《おおたに》重工業の社長、大谷米太郎——といっても、その名前や人となりはあまり知られていない。が、実は「ホテルニューオータニ」の創業者でもある。文字通り裸一貫で這い上がり、ついには東京オリンピックの直前、日本一のマンモスホテルのオーナーになった稀代の実業家、大谷。彼を成功に導いたのは、独自の「タネ銭哲学」であった。

富山県の貧農の長男に生まれた大谷は、小学校も満足に通えず、よその家の農作業、造り酒屋の奉公と、子どもの頃から懸命に働いた。しかし、何年経っても手元には何も残らない。

「東京に行って金をためよう」。三〇歳で故郷を後にした時、大谷が持っていたのは、わずかばかりの身の回り品と母が作ってくれた握り飯、そして二〇銭（現在の約七〇〇円）だけであった。節約を重ね、空腹に耐え、上京直後の港湾作業の仕事では低賃金にもかかわらず、六〇日間で二九円（現在の約一〇万五〇〇〇円）も残した。その後も八百屋、風呂屋、酒屋、米屋と渡り歩き、「商売は元銭があれば誰でもできる」とわかったが、大谷にはその元銭がなかった。力士になった「何が何でも元銭を作らなくては」。目をつけたのは角界だった。力士になった大谷はとんとん拍子に出世、店を開業できる八〇円の資金ができると酒屋に転業、さらに、鉄製品の素材であるロール製造業に飛躍した。そして昭和一五（一九四〇）年には資本金一億一三〇〇万円と全国でも十指に入る大企業「大谷重工業」（現・合同製鐵）を設立、「鉄鋼王」とまで呼ばれるようになった。

何度も仕事を変えながら、大谷は「事業をやりたい」という目標を見失うことはなかった。力士時代は地方巡業のたびに工場を見学して機械の知識を得た。

どんな事業をやるにしろ、資金が要る。しかし、一足飛びに大きなカネは得られない。大谷は「タネ銭を残せ」と説いた。「一〇〇万円のタネ銭ができれば、一万円しかなかったときよりはるかに豊かで大きな知恵と計画が出てくる。それが〝タネ銭哲学〟の効用だ」と。

「物には順序がある。はしご段を一段ずつ踏みしめながら上に上がっていくものだ」と言う大谷自身、一攫千金を狙ったことはない。他人の金をアテにしたこともない。得た金に比例して夢と目標を広げた。

そうして巨万の富を築いた大谷は、それを社会に還元した。一億一〇〇〇万円をかけた「少年センター」は、東京に憧れて上京した青少年たちを保護するための施設。かつて職を求めて上京したものの、食べる金、泊まる金にも困った大谷自身の経験からだ。

「学問がないのはくやしい」と、郷里に大谷技術短期大学も創立した。さらに、つぶれかけた複数の会社を、「倒産すれば従業員たちは生活に困るし、機械諸設備は廃物になってしまう」と、多大の金と労力を注いで再建した。

昭和三九（一九六四）年に開業した「ホテルニューオータニ」は、「東京オリンピックのためにホテルを作ってほしい」という東京都からの要請に応えたものだ。坪単価一〇〇万円の土地を同一三万円で手放したのは、「いいホテルに安く泊まっていただきたい」という気持ちからだった。

「金は力である」と言いきった大谷は、一見、拝金主義の勝ち組に見える。

しかし、「人間、いつも働いていなくてはダメだ」「いくら金を稼いでも、その金に苦しみが加わっていない以上は、いつの間にか消えてしまうものだ」という大谷の言葉が、ただいたずらに金を残す勧めではないことを示している。

「タネ銭を残すということは経験を積むことだ」と、汗水流して働くことを尊ぶ大谷の金銭哲学は、極めて緻密かつ堅実なものであった。

III

再興

辣腕商社マンを経て豊年製油のオーナーへ
製油業の近代化と繁栄に大きな途を拓く

杉《すぎ》山《やま》金《きん》太《た》郎《ろう》【豊年製油／第二代社長】

サラダ油、キャノーラ油、コーン油と今やさまざまな食用油が食卓を彩るが、日本の食卓に食用油が浸透し始めたのは大正の頃。その普及拡大に貢献したのが「豊年製油」（現・J-オイルミルズ）の第二代社長を引き受けた杉山金太郎だった。それまでの杉山は優秀な商社マンだったが、創立間もない同社を立て直し、大豆油の生産量において圧倒的なシェアを誇る大企業に育て上げた。

恩師の指導で貿易の道へ得意の英語を生かし大活躍

紀州の寒村、和歌山県海草郡川永村永穂《なんご》（現・和歌山市）。明治八（一八七五）年九月、杉山金太郎は農家の長男として生まれた。名前のとおり元気いっぱいの少年で、小学校入学後も一日中外で遊び回っていたが、英語だけは好きでたまらず、一一歳になると一念発起、和歌山市に住む叔父を訪ね、英語、漢文、数学に重きを置く徳州学校に自ら転校した。

次いで、叔父が教師をしていた広島県福山市の尋常中学誠之館の三年に編入したが、「早く社会に出ていい月給取りになりたい」という思いが募った。苦労した父を楽にしてやりたかったのだ。

「それには経済を勉強しなくては」と、中学四年に進級すると同時に誠之館を退学、市立大阪商業学校（現・大阪市立大学商学部）に入学した。同校には外国人教師もおり、金太郎の英語にますます磨きがかかった。卒業間近のある日、校長に呼ばれた。

「日本の貿易の実権はすべて外国人が握っているが、日本人の手に戻さなくては。君は英語に格別の才能がある。貿易の道に進んではどうかね」

金太郎は校長の推薦を受けて、大阪の船主の店に勤めたが、日清戦争勃発直後で非常に忙しく、一〇〇〇円あれば長屋が一軒買えた当時、鋼鉄船一隻の代金一五万円分の現金をカバンに詰めて運ぶという緊張の極みも経験した。

間もなく、またも校長の紹介で、貿易実習のため「アメリカン・トレーディング・カンパニー（ＡＴＣ）」に転職した。資本金が、日本最大の商社・三井物産の六倍もある外国商社で、勤務地は神戸である。金太郎は輸出を担当、堺の麻段通《だんつう》、岡山や香川の麦稈真田《ばっかんさなだ》、樟脳《しょうのう》、ハッカ、三菱・住友の銅と、さまざまなものを手掛けた。土佐・美濃・静岡産の和紙の八割は同社で扱っていたし、大阪・摂津《せっつ》・鐘淵《かねがふち》といった紡績会社の製品を上海に輸出して日本の綿糸輸出の先鞭をもつけた。得意の英語を駆使でき、親日家のモース社長にも可愛がられ、楽しくてしようがなかったが、その後赴任してきた米人副支配人とそりが合わず、結局、五年間勤めたＡＴＣを退職した。

次に就職したのは横浜にある日本紙輸出合資会社である。和紙の輸出では最大手ＡＴＣの横浜支店に頻繁に通わざるを得ない。すると、同支店の米国人が「ミスター杉山、そんなことをしているのなら、ウチへ戻ってくれ」と強く要請する。

ＡＴＣに復帰して、絹物、硫黄、木材の輸出と、またもや全世界を相手に八面六臂《はちめんろっぴ》の活躍となったが、金太郎の胸には懐疑の念が湧いてきた。

「俺は使用人のままじゃないか。校長が託したものを忘れたのか。当初の思いはどこへいった?」

＊

「杉山君、ウチに来ないかい」

日本郵船横浜支店にいた友人の伊東米次郎（後の第四代日本郵船社長）に熱心に勧誘され、ATCを辞めて郵船から辞令をもらったのは明治末年のことだった。ところが、ATCに「スギヤマがいなくなったら輸出部は機能停止だ」と、無理やり奪還されてしまった。

四～五年後、金太郎は輸出部支配人に昇格した。米国人を部下に持ち、月給も七五〇円（現在の二三〇万円相当）。そのうえ、担当業務の純益の一割を賞与としてもらえるという破格の待遇である。第一次世界大戦が始まり、各国からの大量の注文をさばくため夢中で仕事をしたが、商社生活はすでに二〇年余に及んでいた。もはや実習の段階ではない。

「このままでいいのか……」。再び悩み始めた頃、大阪商業学校時代の友人で、日本綿花（後のニチメン。現・双日）社長の喜多又蔵と、滝川儀作（後の神戸商工会議所会頭）が「外国企業にいては重役にはなれんぞ。三人で新しい貿易会社を作ろうじゃないか」と再三誘ってきた。その熱意に動かされて、大正六（一九一七）年、金太郎はついにATCを退社、資本金二〇〇万円で創立した「中外貿易会社」の専務に就いた。

「ようやく恩師の教訓に報いることができた」。その喜びに加え、思いがけないプレゼントに感激した。独立にあたってATCが、金太郎が担当していた輸出部の事業全部を無償で引き渡してくれたのだ。

北海道のナラ材、硫黄などの輸出で中外貿易は日本一の取扱高を誇り、二年近くは笑いが止まらないほど順調だった。ところが第一次世界大戦が終結すると大不況が到来、会社も倒産寸前になった。金太郎は全私財を投げ出して負債の一部に充てたうえ、責任をとって中外貿易から身を引いた。二度目の浪人である。

請われて豊年製油の社長に就任
自分の〝クビ〟を担保に融資を引き出す

ブラブラしていると、横浜正金銀行の鈴木島吉副頭取から「各地の倉庫に当行の荷物がたくさんあるんだ。君に一任するからその整理をしてくれないか」という頼みが舞い込んだ。正金銀行は商社の貿易為替を扱って金を立て替えていたが、恐慌で立替金が戻らず、担保物件の荷物を背負い込んでいたのである。金太郎はそれを一年余りかけて全部処分し、正金銀行からの謝礼でやっと一息ついた。

大正一二（一九二三）年九月、金太郎は横浜で関東大震災に遭遇、危ういところで一命を取りとめた。復興のためにできた帝都復興院は鉄材、材木を大量に買う必要があった。大蔵大臣の井上準之助の申し入れでその仕事を手伝っていると、今度は台湾銀行の森広蔵副頭取から「豊年製油の経営を引き受けてくれないか」との相談である。神戸の一流商社・鈴木商店の製油事業として発足し、恐慌の影響を受けて分社化された豊年製油は、台湾銀行の所有に帰していたのである。

三〇年間商社マンとしてやってきた金太郎には製油事業の経験も自信もなかったが、一国一城の主になるのは男の夢だ。金太郎は満州（現・中国東北部）に渡って原料大豆の買付けや製品の販売などを徹底的に調査してみた。そして「一生懸命やれば、やれないこともない」という結論に達し、大正一三（一九二四）年五月、四九歳で豊年製油社長に就任した。

金太郎が豊年製油の経営を請け負ったのは、同社設立二年後のことであったが、そ

大豆粕の輸送風景。日本は当時、製油原料の大豆を満州（現・中国東北部）から輸入していた

の時すでに親会社の鈴木商店に六五〇万円の貸越となっていた。つまり、一〇〇〇万円の資本金に対して六五パーセントもの焦げ付き（債権）を抱えていたのである。しかも、鈴木商店は不況のあおりを被っていたため、金が戻ってくる目途も立たない。請われて社長になった金太郎は、まさに「火中の栗を拾う」役目を負っていた。

本格的に仕事をするために、まず、本社を神戸の鈴木商店の事務所内から東京・丸の内の東京海上ビルに移すと、金太郎は豊年製油の立て直しにかかった。

喫緊の課題は金融の道をつけることだ。当時、製油の原料大豆は豆どころ・満州から輸入していたため、大連（貿易）為替が必要だったのである。横浜正金銀行の児玉謙次頭取や津山英吉東京支配人とは中外貿易時代から懇意であったことから、同行を訪ねて資金援助を申し出た。

「豊年製油の工場はすべて台湾銀行に担保として押えられているので、ほかに提供できるものが何もありません。この杉山のクビを担保に、融資をお願いしたい」

「ずいぶん、虫のいいことを言うね」

そう言いながらも、正金銀行の重役たちは「杉山君の人格を担保として認めてやろうじゃないか」と、結局融資に応じてくれた。かつて、正金銀行の担保物権を処分した際、金太郎がごまかすことなど一切せず、誠実に仕事をしたことを皆よく知っていたし、金太郎のあけっぴろげで正直な人柄も〝信用に値する〟と判断したのである。

金太郎はかねてから「商売人は駆け引きをしたり、嘘をつくことをごく普通のことと考えがちだが、これはとんでもない間違いだ」と考えていたが、この時、「人に信用されること——それが大金以上の力を発揮するのだ。人間、どんな時も、正直に真面目に生きなくてはならない」と改めて強く思った。そしてそれが、金太郎の一貫した経営哲学、その後の豊年製油繁栄の要因ともなった。

製油業の投機性に疑問
「バクチ稼業」から「製造業」に転換

豊年製油の経営に携わってみて、金太郎は製油事業が非常に投機的なものであることを知った。取引すべきものは三種あった。原料の大豆、製品の油、そして、大豆から油を絞り上げた後の脱脂大豆「粕」である。それぞれ相場があるのだが、どれも刻々と変わって一刻も目が離せない。運転資金もなく、売掛などしていては資金繰りができない。そのため、すべて現金主義を貫いた。

特に機敏な判断と決断を要したのは原料買付けだった。仕入価格の変動幅が大きく、それがそのまま製品コストに大きな影響を及ぼすからである。金太郎は毎年、新豆の出る一二月から一月にかけて満州に出張して集荷状況を視察し、陣頭に立って大豆買付けを指揮した。また、大連に支店を、ハルビン、新京に出張所を置いて、それらと電報をやりとりして豆を買わせたりもした。気の張りつめる日々であった。

社長就任翌年の大正一四（一九二五）年一月、日本全国製油聯合会会長に就任した金太郎は、製油業のあり方について考えた。

「俺が引き受けたのは豊年製油の経営であって、バクチ稼業ではない。国民の栄養のためにも、食用油は量、価格ともに安定的な供給を図りたい。そのためには、製油を名実共に投機から離し、真の製造業として確立させなくてはならない。原料を買ったら必ず製油し、できた製品は必ず売るというごく普通のやり方にもっていこう」

こうして、新たな方針で経営の舵を切った金太郎は、昭和二（一九二七）年、大阪に支店を、名古屋、下関に出張所を、昭和六年には新潟にも出張所を開設して販売体制を確立し、油や大豆粕を販売した。また、ロンドンに出張所を、ニューヨークとサンフランシスコに取引所を置いて欧米にも輸出した。辣腕商社マンとして鳴らした経験が大いに生きたのである。

財閥に断られ自ら豊年製油のオーナーに

金太郎は豊年製油の社長を務めてはいたが、そもそも同社は、金融恐慌の影響を受けた鈴木商店から分社化されたもので、実質の所有者は台湾銀行になっていた。しかし、堅実を旨とする銀行が、投機的な事業を経営しているというのはリスキーで、いかにもまずい。

「杉山君、誰か豊年の事業を引き受けてくれる適当な資本家はいないものかねえ。君、探してみてくれないか。交渉の方も頼むよ」と台銀から再三要請され、三井、三菱、住友など日本の主な財閥に掛け合った。しかし「製油事業は投機的な仕事だからイヤだ」とどこも手を出したがらない。交渉が実らず、困り果てた金太郎は「俺が全責任を背負うしかない」と覚悟を決めた。

台湾銀行の島田茂頭取と数十回折衝を重ねた結果、七〇〇万円（現在の約一三四億円に相当）で金太郎個人に譲ってもいいということになったが、そんな大金を金太郎が持っているはずもない。

ただ、金太郎は準備万端怠りなかった。資金面を含め、豊年を引き受ける件について、前もって、大蔵大臣の井上準之助、日銀総裁の土方久徴、横浜正金銀行の児玉謙次頭取、安田銀行（後の富士銀行。現・みずほ銀行）の森広蔵副頭取などに相談し、推薦も取り付けていたのである。結局、五〇万円を安田銀行から無担保で貸してもらって現金で払い、残りの六五〇万円は一〇カ年年賦で台銀に払うという条件で決着、昭和五（一九三〇）年五月の初め、金太郎は豊年製油のオーナーになった。

それからの数年間は巨額の借金を抱えて、血のにじむような経営であったことは言うまでもない。会社の利益は全部台銀への支払いに充てなくてはならなかったからだ。しかし、経営者としての金太郎はその力を十分に発揮し、豊年製油を手に入れて四年後の昭和九年八月には、早くも五分の配当を始めるまでになったのである。

大豆油・脱脂大豆を徹底活用 名称を変えて販路拡大

大正時代頃まで、わが国で食用油といえば、菜種油、ゴマ油だった。大豆油は豆特有の青臭さが嫌われて、輸出用でしかなかった。金太郎はまず、匂い、色、味のいい〝食用に向く大豆油〟を自社の技術者に研究させ、世に出した。

金太郎は次に、大豆から油を搾り取った脱脂大豆「豆粕」の活用を思い立った。〝粕〟とはいえ、蛋白質が四五パーセントも含まれているのに、肥料にしか使われていない。「なんともったいない。家畜のエサにして、肥料には排泄物を使えば一石二鳥じゃないか」と、昭和五年、家畜飼料用「ユタカ豆」を発売、全国に広めた。

また、合板接着剤にも着目し、大豆蛋白質による日本初の合板接着剤「豊年グルー」を発売。またたく間に主流となって、わが国の合板工業の発展に大きく貢献した。そ

金太郎は大豆粕を「桜豆」と名付け、
マイナスイメージを拭い去った

れ以前、わが国の合板は、その生命である接着剤の性能が悪かったために、水にぬれたり乾燥が少しでも強いと、すぐにはがれてしまって役に立たなかったのである。

こうして大豆油・脱脂大豆を徹底活用した金太郎だが、とりわけ脱脂大豆の食品用途には最も尽力した。ふつう、味噌、醤油、豆腐は、どれも大豆を豆のまま利用するが、「味噌や醤油に油はいらないのではないか。丸大豆が原料では、含まれている油を捨てているようなものだ。豆粕から造ったらどうかな」。しかし、学者でもない金太郎がいくら言っても、誰も耳を貸さない。それならと、大蔵省（当時）醸造試験場に試験してもらうと、「豆粕から立派な醤油ができます」という。

「コストも安いし、これは当社だけでなく国家全体の利益になるぞ」。金太郎は小躍りして喜んだ。それから二～三年をかけて豆粕からの醤油製造法を研究すると、日本一の醤油メーカー「キッコーマン」に自ら出かけて「丸大豆とまったく変わりません。ぜひ豆粕を使ってみてください」と売り込んだが、「杉山さん、粕から醤油を造ったんじゃ、ウチののれんに傷がつきますよ」と首を縦に振らない。

「それなら、せめて種麹《たねこうじ》に」。熱心なセールスに、ようやく応じてくれたが「当社の工場に運び込むときは〝豊年豆粕〟という焼印は無しにしてくださいよ」という条件付きだった。味噌も同様で、「味噌は西洋のチーズみたいなものだ。チーズに油がなかったらパサパサして食えんじゃないか。豆粕なんかで作った味噌は、まずいに決まっている」と、どの醸造元も頭から相手にしてくれない。

「嫌がられるのは、〝粕〟という名前のせいだ。中国では豆餅、欧米ではビーンケーキとかビーンミールといっている。そうだ、〝桜豆〟がいい！」

精選度も高めた新名称の「桜豆」を利用した醸造技術の普及のため、金太郎は技師を全国に派遣して講習会を開催した。その結果、ほとんどの会社が、原料を丸大豆から豆粕に切り替えた。

金太郎が力を注いだ大豆油の品質向上と脱脂大豆の多面的な利用は、豊年製油発展の基礎を築くとともに、わが国製油工業の近代化と繁栄にも大きな途を拓いた。

技術開発・人材育成に力を尽くす 敗戦後はゼロから再出発

豆粕の高度利用という理想を実現できた金太郎の喜びは大きかった。とはいえ、本格的な普及は第二次大戦後だったため、研究開始から普及まで二〇年もの歳月を要した。異分野から製油業に入ってきたからこそ生まれた発想だったが、具体化できたのは、会社の技術陣のおかげだ。金太郎は技術や研究開発を重視した。

「天然資源に恵まれていない日本は、研究こそが将来の繁栄につながる」

分散している若い研究者を一堂に集めて応用化学、機械工業、農芸化学の育成に全力を尽くす必要があるとして、昭和一七（一九四二）年、東京都三鷹市に私財三〇〇万円を投じて「財団法人杉山産業化学研究所」を設立した。食用油の改良や豆粕の多面利用は、この研究所の成果だった。

前年の昭和一六年には「杉山報公会」を創設していた。「優秀な学生を十分に教育すれば、富めるアメリカに対抗できる」という思いからである。学費は貸与ではなく給費、しかも、卒業後の将来は束縛しない。報公会出身者には、エサキダイオードの発明者で、後（一九七三年）にノーベル物理学賞を受賞した江崎玲於奈もいた。

順調と思われた事業だったが、第二次世界大戦で日本が敗戦すると、すべてはゼロに帰し、再起不能とさえ思えた。多年にわたって築き上げた海外の施設や設備は相手国にすべて没収され、国内の工場も壊滅。満州大豆の輸入が途絶し、原料供給の道も断たれてしまった。

しかし、嘆いてばかりもいられない。金太郎は七〇歳を超えていたが、自社のみならず油脂製造業界のためにもなんとか頑張らなくてはと、必死で立ち上がった。

内地の大豆をできるだけ集めると同時に、新たな供給地として、大規模栽培を行っていた米国に目をつけ、ＧＨＱ（連合国軍総司令部）への要請など、輸入のために奔走した。戦後初の大豆満載船が清水港に到着したのは昭和二三（一九四八）年五月。金太郎は嬉しさと関係者への感謝を込め、清水工場で「大豆祭り」を開いた。

戦後、多額の財産を所有する個人に課税される財産税の問題も頭痛の種だった。全財産を豊年製油につぎ込んでいた金太郎にこれといった資産はなかったが、豊年製油はまだ金太郎個人の会社で、株式は全部金太郎の所有になっていた。

「不本意だが、この株を売って納税に充てよう」

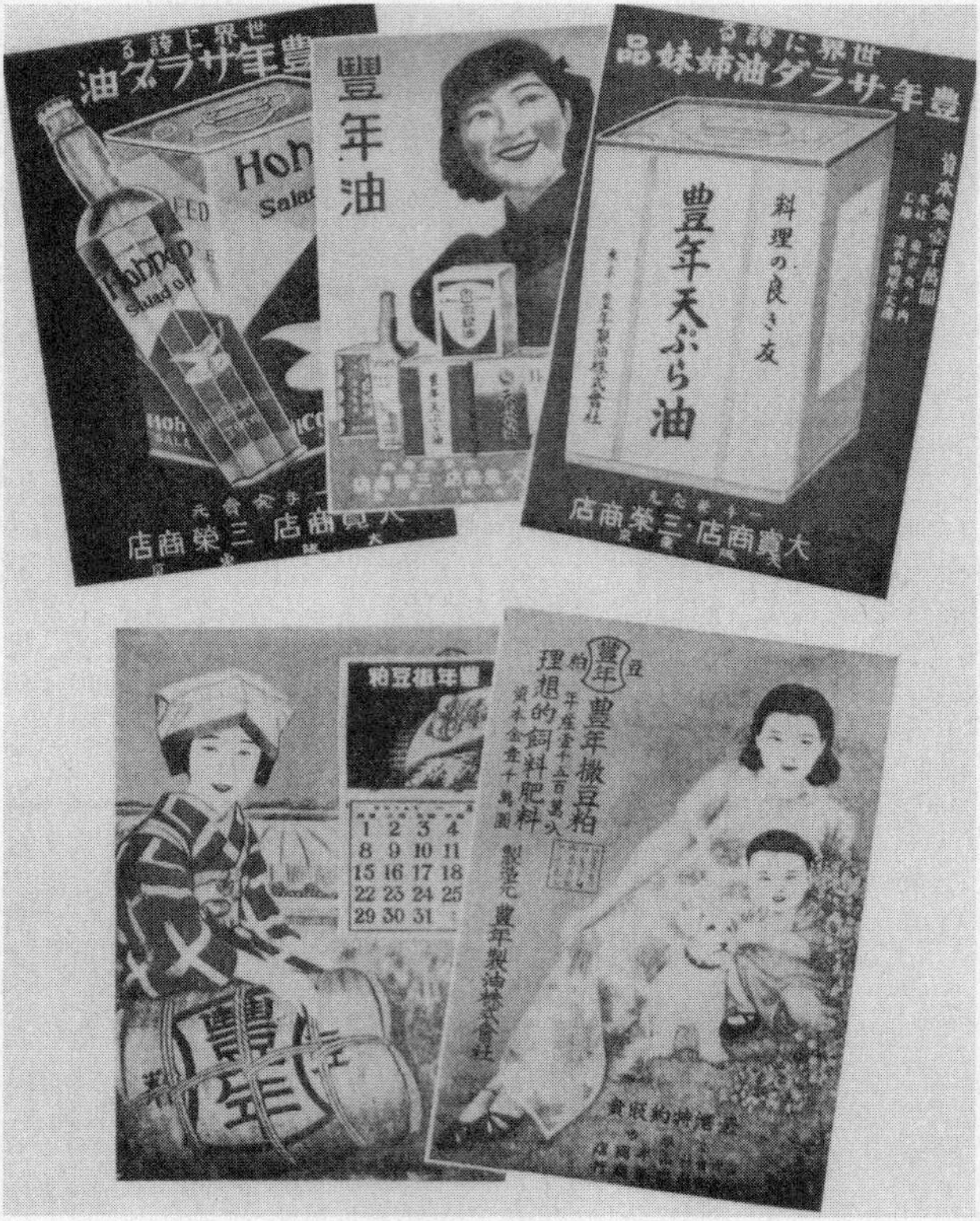

戦前の各種製品のポスター

昭和二二年四月、全二〇万株のうち、四分の三の一五万株を売却、株式を公開した豊年製油は、個人企業から一般の株式会社になり、さらに二年後の昭和二四年五月には東京・大阪・名古屋の各証券取引所に上場した。

＊

昭和二九年一〇月、七九歳の金太郎は、社長就任三〇年を機に息子の元太郎に社長を譲り、会長になった。しかし「仕事がないのは、死刑宣告と同じ」と、その後も毎日、社員の誰よりも早く出社した。

昭和四八（一九七三）年三月一〇日、卓越した独創性と旺盛なパイオニア精神を発揮した油脂業界の巨星・杉山金太郎は、九七歳でその生涯を閉じた。半世紀近く前に引き受けた大赤字の豊年製油は、その時、資本金一五億五〇〇〇万円、年間売上高約六七二億円、従業員一〇五〇人の堂々たる企業になっていた。

鋭い着眼とユニークなアイディアで事業の再建・拡大に大きく貢献

嶋《しま》田《だ》卓彌《たかや》

【蛇の目ミシン工業／中興の祖】

国産ミシンの発達・普及は女性の社会的地位の向上に多大の貢献をした。その立役者が蛇の目ミシン工業中興の祖・嶋田卓彌、その人である。多様な経験を経て、広告宣伝の手腕を見込まれてミシン業界に入ったのは三二歳の時。合理的・科学的な考えに基づく戦略を次々に展開して同社成長の礎を築いたが、誠意と思いやりに満ちた、情誼に厚い経営者でもあった。

父の急逝で丁稚奉公、商売の基本を習得
待遇改善を求める人権ストでクビに

嶋田卓彌は、明治三四（一九〇一）年一二月、京都市の開業医の家に生まれた。父はイギリス式の家庭教育を受けた合理的な科学者で、漢籍、俳諧、詩文の素養もある風流人でもあった。先妻と後妻（卓彌の母）との間に合わせて七男二女をもうけるほどの子福者。子どもの教育には非常に熱心で、一人一人の生い立ち、性格、欠点、教訓を記した「子宝日記」をつけていた。

「この夏みかん、酸っぱいよ」

「じゃあ、重曹をふりかけてごらん。ほら、中和するだろう」

「お湯が煮え立って泡になったよ」

「ああ、それは〝炭酸ガス〟っていうんだよ」

万事が合理的・科学的であった。後年、卓彌の仕事が常に統計に基づき、実証的なのは、幼時の父の教育の影響であろう。しかし、そんな生活も長くは続かなかった。卓彌が一二歳の時、父が胸を患い、四九歳の若さで亡くなってしまったのだ。

「卓彌は勉強が好きだし、デキもいいから、大学までの面倒をみよう」と言ってくれた親戚もいた。しかし、母は「おまえは人に頼らない人間になってほしい。自分で行って断っといで」と言う。叔父の家を訪ねて「学校へやってもらわんでもええ」と言うと、「せっかくの人の厚意を無にして……。キツイ子やなァ」と呆れられた。

京女の母は一見繊細だが、勝ち気で剛毅だった。異腹の息子は進学させても、自腹の卓彌は口減らしのために、丁稚《でっち》奉公に出す──それが亡夫への責任と考えたのだ。

こうして、卓彌は、大阪船場の衣料問屋「外定《とのさだ》」の丁稚になった。近江商人出の「外定」には、一〇〇人近い使用人がいた。朝は掃除、夜は習字、ソロバン、謡曲の稽古……。礼儀作法や商いの実務をみっちり仕込まれた。

角袖もめん姿で働いている卓彌の前を中学へ通う小学時代の友達が通る。そのたびに「あいつらが大学を出るまでには、こっちはそれ以上勉強しておくさ」とくやしさを呑み込み、本を読み漁った。

得意先回りをするうちに、大阪市内の地理と取引先の所在はすべて覚え、毛筆で一日に何百枚と荷札や宛名を書く「荷造り」の仕事では、日本中の駅名やキロ数を暗記してしまった。四〇〇品目もの商品を蔵から出し入れするうちに、どういうものを、どう分類・収納するか、〝商品学〟もマスターした。帳簿づけを通じて、値段の符丁や得意先の財務内容もわかるようになった。こうして一七歳になると、サンプルを持って九州など地方に出張するようになった。得意先から豪勢な料亭で接待されることもあった。嬉しがっていると、相手は倒産。「危ないところに限って破格な饗応をするものなんだ」――苦い経験で得意先の信用状態を見抜く嗅覚も発達した。

それにしても、外定の給料はケタはずれに安かった。最初の二年間は月五〇銭、次の二年間は一円五〇銭。食事もひどいもので、朝と晩のおかずはたくわんだけ、昼はこんにゃくのすまし汁だったから、体をこわし、一七〜一八歳で結核の兆候が現れた。

満一九歳の時、卓彌は、人権ストを起こした。生糸相場の暴騰で店はひどく儲かっているのに、使用人の待遇改善がまったくなかったし、酷使に忍耐も爆発したのだ。しかし、この一世一代のストライキは裏切り者が現れて失敗、〝首謀者〟の卓彌ら五人は「外定」をクビになってしまった。

卓彌は、ラシャ（厚地の織り目の詰まった毛織物）問屋に手代《てだい》として住み込んだ。質素、勤勉、誠実を旨とする近江商人と違って、粗野であくどい商売だった。葬式があればモーニングのポケットにサンプルをしのばせて式場で売買する。品枯れ期には古ラシャ地を染め直して高値で売りつける。つかまされた方は、それをまた舌先三寸でほかへ売り逃げする。そんな苛烈な世界に三年身を置いた。

「外定」奉公時代の卓彌

　ここで卓彌がモノにしたのは外国為替だ。当時、洋服地は全部英国から輸入されており、商いから現品の受け渡しまで約三カ月ある。その間に外国為替に変動があれば儲けも損も大きく、ボーナスにもひびく。必要に迫られての習得であった。

　大正一四年、独立してラシャの切り売り屋「卓彌商店」を開業。どんな品物でも五パーセント前後のディスカウントをしてくれる商習慣の利点を生かして、直接、お客にラシャ地一着売りすることを思いついた。縁故をたどって歩けば、一割ぐらいの口銭はあがってくる。結核という〝健康上の問題〟もあって、週の一〜二日働いて、あとは家で休むことにしたのだ。もっとも、仕事は休んでも習字、読書、ピアノの練習に没頭した。これで商売がうまくいくはずもない。資本のない「卓彌商店」は四年余りで店を閉じた。

　しかし、その間、生涯の伴侶、かよとの出会いがあった。

　商売の都合で出かけたとき、よく大阪の知り合いの医者の家に泊めてもらったが、そこにえらく威勢のいい女性がいた。正しいと思うことは相手が誰であろうとポンポン言う。両手がふさがっていると、足でポンと襖《ふすま》を開ける。卓彌は勇敢かつ合理的な彼女に惹かれ、二人は恋仲になった。しかし彼女の両親は「財産も学歴もない、そのうえ病弱――そんな男と一緒になるのなら支度は一切してやらぬ」と言う。「それなら結婚費用は俺が作ろう」。無駄遣いをやめて貯金に励んだが、まだまだ金はない。式を前に神主に尋ねた。「式の金額で結婚の効き目が違いますかィ」「そんなことはございません」「では一番安い三〇円の〝梅〟でお願いします」

結婚は昭和二年、卓彌二六歳、かよ二三歳の時であった。

友人の会社の再建に尽力する中で広告宣伝の専門家に

昭和六（一九三一）年、卓彌は勤労青少年向けに『英語講義録』を出版していた小学同窓の友に経営再建を頼まれ、三〇歳で京都から東京に居を移した。出版の知識を一から習得する一方、実態調査を行った。

「出版事業は、部数さえ多く出れば引き合う。要は無駄な経費をなくすことだ」

そう結論づけた卓彌は、まず、人件費と広告費に大鉈を振るった。

次は、いかに売上を伸ばすかだ。講義録は四カ月前納すれば割り引いていたが、購読料切れになると売上は激減した。そこで第四号に「正解者には第九号の誌代免除」とクイズを出したところ、次の代金がどっと払い込まれてきた。

また購読者に〝発音レコード〟をプレゼントしたところ、「蓄音機がない」という声があがった。そこで、大量注文を条件に問屋に値引きを持ちかけ、読者に「市価一六円のところ、三円ずつ四カ月払いで提供」した。注文が殺到、月賦の貸し倒れもなかった。こうしてサービスを充実させると購読者も増え、経営は立ち直っていった。

次に関わった「にんにく栄養剤・ヒルソ本舗」では〝大掃除〟をやった。放漫経営で会社がつぶれ、社長も主だった社員も逃げてしまい、七八もの債務が残されていた。商品の在庫は全部三掛けで借金の担保になっているという。見かねて無報酬で後始末を決意した卓彌は奇策を弄した。美人社員数名を集めて「マネキンガール」として特訓する一方、定価五掛けの卸値で「特売セット」を作り、「これを買えばあなたの店に一日、マネキンガールを派遣します。ただし、代金は現金前払いで願います」と東京周辺の薬局に売り込んだのである。珍しさも手伝ってどんどん注文がきた。債権者には零細企業から順に支払ったが、一年後には二〇軒にまで減った。

その後、卓彌の誠意が通じて大口債権者から債権放棄の申し出があり、一件落着したが、この時の経験と実績は卓彌の誠実さを世間に印象づけ、大きな〝財産〟となった。卓彌も後に蛇の目ミシンの宣伝・企画に携わるようになると、この時債権放棄した企業を取引先に迎え、恩義に報いた。

請われてミシン業界へ　まずは広告費の合理化に努める

昭和九（一九三四）年九月、卓彌は「パインミシン」（「蛇の目ミシン工業」の前身）の代表者、小瀬《おせ》與作専務に請われ、同社の非常勤顧問になった。当時、ミシンはアメリカのシンガーが独占していた。桐ダンス一棹《さお》が二〇円の時代に同社製は二三〇円と高額のため、富裕層をターゲットに月賦の持込販売に力を入れていた。

一方、小瀬は、昭和五年に、頼母子講《たのもしこう》（一定の掛け金を出し合い、クジなどで順番に金を融通する組織）にヒントを得て、一台一二〇円で、誰もが払える五円の「月掛予約」を創案していた。

月賦販売に月掛予約を併用させれば資金繰りが円滑になり、受注台数や納入時期も

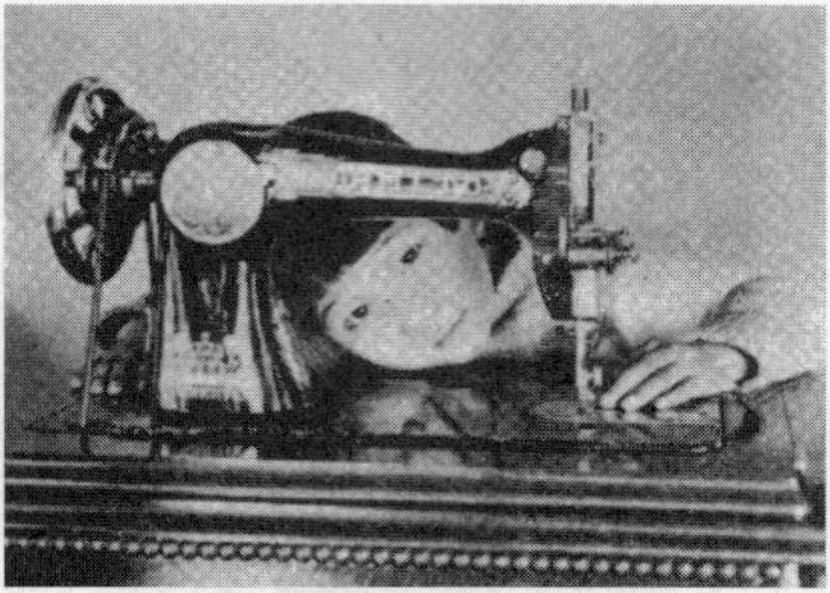
消費者の心を捉えた広告。写真のモデルは卓彌の長女・七重子

予測できて生産計画が立てやすい。しかしあまり成果が上がっていなかった。新聞、雑誌にカタログ請求カード付きの広告を出し、カードが届くとセールスマンを訪問させていたが、契約数からはじき出したカード一枚当たりの広告費は需要期で七〜八円、不需要期には一五〜一六円もかかっていたのだ。

「広告にそんなにカネをかけては、つぶれてしまいます。カード一枚五〇銭には引き下げられるはずだ」

卓彌は媒体別に効果を測定し、カード一枚、出荷一台当たりの広告費を克明に分析して、徹底した広告費の合理化に努めた。

ミシンのイメージも一新して、大衆化に重点を置いた。効果を発揮したのは新聞広告である。当時、最大の広告媒体だったとはいえ、ほとんどは社名あるいは商品名だけ。卓彌は記事広告にし、写真も入れた。キャッチフレーズも「ミシンは儲けを生み出す〝近代家庭のお針箱〟」「貴女のおみ足から家が建つ！　収入の多いミシン洋裁と手芸」と、当時としては型破りだった。「説得広告」のはしりである。

庶民的な表現は家庭の主婦層の心を捉え、カタログ請求のハガキが続々届くようになって、カード一枚当たり広告費は一年弱で五円、二年目には五〇銭となった。

独創的な企画宣伝で売上げ拡大
生涯をミシン事業にと思ったが……

「家庭用ミシンは、資材が少なく、技術と手間を要する、日本に最も適した新しい産業だ。どんどん輸出される時代がきっと来るよ」

小瀬は遠大な夢を語ったが、ミシンは〝夏物商品〟で、夏と冬では契約数に五倍もの差があった。卓彌は直営・直販策を講じながら、さらなるサービスにも力を入れた。

ミシンは調節しながら使うものだが、機械に弱い日本の家庭女性は、自分の調節がまずくても「国産だからダメね」と言う。卓彌は、問い合わせや苦情がきたらすぐに社員を派遣して無料調整してやった。洋裁教師を家庭へ派遣するサービスもした。

販売はだんだん軌道に乗り、昭和一〇（一九三五）年一一月には社名を「帝国ミシン」と改称、商標は「蛇の目」(当時の国際標準型セントラルボビンの通称)となった。「これで国産ミシンはやってゆける!」と専務の小瀬は、わが国初のミシン量産工場の建設に踏み切った。昭和一一年五月に竣工した小金井工場がそれである。大量生産のものはコンスタントに売り抜く必要がある。工賃、原料代は毎月支払わねばならないからだ。

次に卓彌は「街頭宣伝」を立案指導した。ミシンを街頭に持ち出して、使い方を実演しながら、訪問カードに記入してもらうという方法である。昭和一二年夏に京都と東京で試みたところ、大勢がミシンを取り巻き、奪い合うように記入していった。

そんな頃、卓彌は小瀬に呼ばれた。

「君、ウチの企画宣伝部長にならないか。ミシンは日本で初めての国家的事業だぞ」

その言葉に「生涯をミシン事業に」と決意、生まれて初めて〝会社員〟になった。

昭和一二年七月、日支事変(日中戦争)の戦火で輸入が途絶え、「蛇の目」は家庭用ミシンの七〇パーセントのシェアを占め、海軍に軍需用特殊ミシンも納入した。しかし、昭和一六年一二月、太平洋戦争が勃発、鉄鋼統制が厳しくなり、ついに〝家庭用ミシンの製造禁止令〟が発令されて、昭和一八年九月には製造中止に至った。

ところが優秀な設備に目をつけた軍は、帝国ミシンを海軍系の「沖電気」の傘下に組み入れ、社名も「帝国精機」に変えて電波探知機の製造を命じた。小瀬以下、全役員は総退陣させられた。

卓彌はミシン以外に興味はない。少しの迷いもなく、職を辞した。

旧経営陣が結集し新会社を設立 時代の潮流に乗り、「蛇の目」に返り咲く

しばしの浪人生活後、卓彌は知人の平木信二が東京・銀座でやっていた小さな建材メーカー「理化学工業（理化工）」の常務に就任、疎開先の御殿場で終戦を迎えた。一方、戦後旧名に復した「帝国ミシン」では、戦前に確保しておいた四万台分の部品を組み立てて販売していたが、食いつぶすばかり。総務部長の前田増三は「元の経営陣によるミシン事業」を進言したが、埒《らち》があかない。やむなく、幹部社員数名とともに辞表を出し、盟友・卓彌のもとへやってきた。「同志の退職金がここにある。何とかならないか」。

卓彌は、理化工役員会に諮《はか》り、前田側と資本金を折半、平木を社長に、昭和二三（一九四八）年四月、新会社を立ち上げた。社名は「理化工」にちなんで「リッカーミシ

ン」。小瀬与作以下、戦前の「帝国ミシン」のほぼ全経営陣が集まった。

卓彌は再び持ち前のセンスを発揮する。新聞広告に出した「アメリカ式イージーペイメントのミシン」という手製の英語は、「ギブミー・チョコレート」「チューインガム」の世相にピッタリはまり、ものすごい反響があった。

とはいえ、当初の資金不足には悩まされた。社員の給料は分割払い、役員報酬は軌道に乗るまでなし。それでも手形が落とせなくなる。「ウチの会社がつぶれたらあなたも困るでしょう」と、債権者に支払い猶予を何日もねばったことも一度や二度ではなかった。

やがて、戦後の復興に伴う需要拡大の中で、リッカーは驚異的な発展を遂げ、二〜三年で業界のトップクラスの地位を占めた。

ところが平木社長ら「理化工」出身と経営上の意見の相違が深刻化、昭和二七（一九五二）年の春、卓彌ら旧帝国ミシン重役陣は袂《たもと》を分かち、辞任した。

それから約一年、一一名の〝集団失業者〟はガード下暮らしだったが、「俺たちが結束すれば、必ずモノになる」という自信は揺るがなかった。

一方、「帝国ミシン」は、昭和二四（一九四九）年に「蛇の目ミシン」と改称、翌年には販売担当の「蛇の目産業」を新設したが、労働争議などで荒廃し、銀行から送

“集団失業”時代の卓彌（右端）と同志たち

り込まれた山田忍三が再建にあたっていた。リッカーの成功を目のあたりにした山田は、実力者の招聘《しょうへい》に食指を動かし、昭和二八（一九五三）年の正月、卓彌に会談を申し入れた。

「わが社の再建には君らの力が必要だ」

集団入社を持ちかけられた卓彌は「全員をリッカー当時の給料で雇うこと、直営組織は私たちに任せること」を条件に同年二月、取締役として蛇の目ミシンに復帰した。

データを生かした経営と、代理店から直営店への転換によって、復帰六年目には工員一人当たり月生産は三・三倍の二四・三台、コストは三三パーセントダウン、売上は一二倍になった。昭和二九年、「蛇の目産業」と「蛇の目ミシン販売」の合併に伴い（＊後掲注参照）、商号を「蛇の目ミシン工業」と改称、輸出も順調に伸びていった。

社長として経営手腕を一層発揮
若手を積極起用、社内を活性化

専務、副社長を経て、昭和三六（一九六一）年五月、社長に就任した卓彌は、幹部社員に「蛇の目マンの信条」として、社業の根幹である「予約・月賦販売」の特質を語った。

「当社の仕事は、メーカーが流通機構の手を借りずに直接家庭女性にお売りするのです。ミシンをお納めしてから代金を全部いただくまで二年以上の年月がかかりますが、その間、絶えずサービスをしていくのです」

翌年には「年頭所感」を全従業員に配布。国際水準で自社製品を考える姿勢、針一本のお客もおろそかにしないサービス精神、一〇円の電話料も節約する気持ちを説いた。この〝実践指標〟は、毒舌家の経営評論家・小汀利得《おばまとしえ》をも感嘆させた。

昭和三七年七月、株式上場を果たした卓彌は、施策方針に「新機種の開発ならびに設備拡充」「販路の拡充強化」「本社社屋の建設」を挙げ、着々と実行した。昭和三八年には「蛇の目電機」を設立して電動ミシン用モーターの自社生産を開始、翌年には

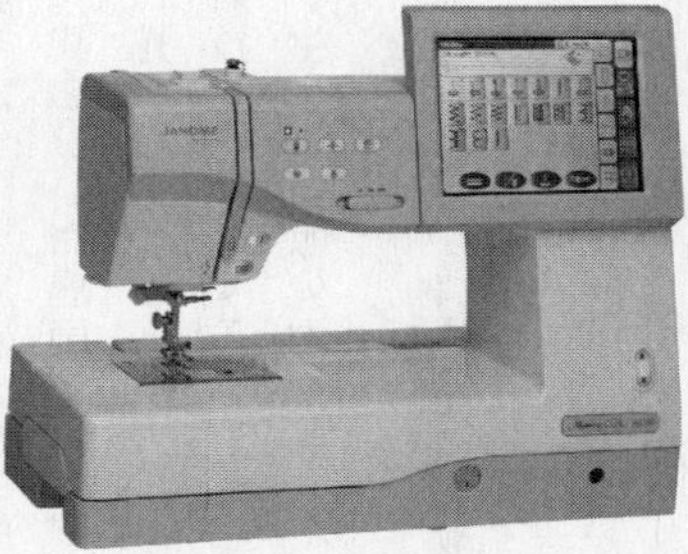

スクリーンが上下に動き、使用者の目線に合わせた
位置調整ができるコンピュータミシン「セシオ11000」

「蛇の目ミシン技術研究所」を設立するなど、成長の礎を築いていった。さらに昭和三九年二月にはドイツの伝統あるメーカー、パフ社と合弁会社を設立、ドイツでの現地生産と全ヨーロッパの販売網を獲得した。

卓彌は、人の才能を発掘する並外れた素質を持っていた。昭和三九（一九六四）年に課長の小宮山宇一を取締役に起用すると、週刊誌は「中学卒の三九歳の青年が一部上場企業の重役に！」と書きたてたが、卓彌にしてみれば「仕事のできる者に重要な地位を与えるのは当然のこと」だった。〝成功の秘訣〟を聞かれると「正直」「誠実」「良き同志」と答えた。〝道楽〟は絵と音楽くらい。月に三万～五万円本を買い、毎日三～四時間は読書した。情誼《じょうぎ》に厚く、自らは「先憂後楽」に徹した。

昭和四三（一九六八）年一一月、七年半にわたる社長の椅子を退くに際して、卓彌は「会社は公器で、社長はその運営を託されているにすぎない」と「常勤役員定年制」を提唱、自らこれに従った。蛇の目を世界的企業にまで育て上げたにもかかわらず、鮮やかな引き際だった。引退から一五年後の昭和五八年三月、明快かつまっとうな経営観を貫いた嶋田卓彌は、八一歳の生涯を閉じた。

蛇の目は現在も、大型刺繡機能内蔵コンピュータミシン（セシオ11000）など新技術を開発する一方、一〇〇カ国以上に輸出し、世界でトップクラスの家庭用ミシン生産量と販売力を誇っている。

＊注　「蛇の目ミシン」は昭和二六（一九五一）年に清算。「蛇の目ミシン販売」は、「蛇の目ミシン東京販売」が「同・関西販売」を吸収合併して誕生した。

倒産寸前のトヨタ自動車を立て直し
抜群の経営体質を作った男

石《いし》田《だ》退《たい》三《ぞう》【トヨタ自動車／第三代社長】

圧倒的強さを誇る「世界のトヨタ自動車」も、戦後の混乱期には国産自動車への挑戦が困難を極め、倒産寸前に陥ったことがあった。その時、請われて社長を引き受け、会社の財政を赤字から脱却させたばかりか、今に続く抜群の経営体質を作ったのが石田退三である。人生の節目に出会った恩人たちから影響を受け、また、その絆を生かし、天与の資質を見事に開花させた産業人だった。

思いがけない中学進学の道
洋家具店で才覚発揮、呉服の行商で精魂尽きる

石田退三は明治二一（一八八八）年一一月一六日、愛知県知多郡小鈴谷《こすがや》村大字大谷（現・常滑市）に、農業を営む沢田徳三郎の五男として生まれた。

勉強も腕白ぶりも人に負けていなかったが、父が早くに他界したため、進学する経済的余裕はなく、末弟だから農業をやる土地もない。思いあぐねていた高等小学校卒業間近のある日、遠縁で彦根に住む児玉一造がひょっこり訪ねてきた。三井物産に入って香港支店赴任を命じられたばかりの俊英である。

「うちの退三もどこかへ奉公にでもやろうかと……」。母の言葉を一造はさえぎった。

「あかんあかん。せめて退三ひとりくらい学問を身につけさせなくては。商売人になるとしても成功しませんよ。カネはなんとかしますから、彦根の中学へ入れなさい」。

思いがけない幸運！　喜びと興奮に包まれて退三は滋賀一中に入学した。児玉家で世話になった五年間は退三にとって最も楽しい日々だった。とくに、四つ年上の利三郎とは兄弟のように仲良く暮らしたが、その彼が後に豊田自動織機やトヨタ自動車の

社長になり、退三もまた豊田系の仕事をするようになるとは、予想だにしなかった。

＊

「やっぱり商売人が一番向いている」。中学卒業後に勤めた小学校の代用教員を一年ほどで辞め、今度は洋家具を扱う京都の河瀬商店の住み込み店員になった。中学卒で年も二〇歳とあって番頭待遇だったが、年少の店員と一緒に何でもやった。

ある時、京都帝国大学総長のテーブルを受注した際、細かいところまで配慮したのがいたく気に入られ、図書館の書架をはじめ、京大からの注文を一手に引き受けるようになった。間もなく、新規開店した大阪支店に責任者として派遣された。商売はやりがいはあったが、営業、会計その他一切を任され、コマ鼠のように駆けずり回る日々。売掛金の回収にも悩まされた。

彦根の叔母が養子縁組の話を持ってきたのはそんな頃である。世話になった人ではあるが、「子糠《こぬか》三合あるならば入婿《いりむこ》するな」という諺もある。「まだ結婚を考える余裕などありません」と返事すると、叔母は「なんで養子がおいやだす？　先方はお金はあるし、母親と娘の二人で、器量もよし。こんないい話を断る気が知れん」と再三再四勧める。結局ＯＫしたのは、たまたま見てもらった姓名判断が気に入ったからだ。

「沢田退三なら一生貧乏暮らしだが、石田退三になれば金持ちになる」

見合いもせずに結婚したが、新妻は理想像に近く、退三は安心と喜びにひたり、河瀬商店もこれを機に辞めてしまった。

養子先の石田家は、旧家ではあったが、叔母が言っていたほどの財産はなかった。別に後悔したわけではないが、半年くらいブラブラしているとさすがに肩身が狭くなった。それに働きたい気持ちも強かったから、東京で呉服の卸問屋をやっている養母の甥に「手伝ってくれ」と言われてすぐに応じ、〝単身赴任〟した。

一応〝店主の親戚〟だったから番頭ということになったものの、やらされた仕事は、大八車に着物を山ほど積み込んで売り歩く仕事、つまり行商だった。受持範囲は千葉や茨城まで優に五〇キロはあっただろう。商売の才覚より体力勝負である。

「こんなことをやるために中学を出たのではない」。滅多に弱音を吐かない退三もさすがに精魂尽き果て、意欲もなく、一年足らずで彦根に逃げ帰った。

服部商店に入社、海外駐在員に大抜擢
佐吉翁と出会い、畏敬の念を抱く

養家に戻ると、またブラブラ生活である。「まァええがな」と言っていた養母も次

第に言葉や態度がきつくなる。

その頃、児玉一造は東洋棉花（後のトーメン。現・豊田通商）を設立して、その専務取締役に出世していた。

「叔母さん、一造さんにどこか口を探してもらうよう、頼んでくれませんか」

「ようおます。だけど、あれも仕事が忙しゅうおますからなぁ。しばらく待ちなはれ」

そう言って叔母は丁寧な手紙を出してくれたが、一造からはなかなか返事がこない。

そのうち叔母が急死してしまった。中学時代から結婚の世話まで、わが子同様に接してくれた叔母である。呆然となったが、児玉の家にはすでに誰もいない。退三は恩返しのつもりで葬儀全般を切り回した。

葬儀が終わると退三は一造に大層感謝され、名古屋の服部商店（現・興和）を紹介してもらった。大正四（一九一五）年、退三は二八歳でまたもや〝単身赴任〟する。

服部商店では社長秘書を務めたが、社長の服部兼三郎は緻密さと図太さを兼ね備えていた。三カ月経っても退三にはなぜか月給が出ない。住み込みだからだろうか……。服部社長の世話で近々見合いをすることになった利三郎から理由を聞いてもらうと、

「石田君、月給を渡すのをうっかり忘れていたよ」である。

もっと驚いたのは入社間もないある日の出来事だ。パッとしないおっさんが黙って

部屋に入ってきて社長の机の前に座り、タバコをプカプカふかしている。しかし、周りの社員は気にも留めない。そのうち、奥から服部が出てきた。

「おお、豊田さんか。今日は何ですかね」

「あ、今日はちょっと大きいで。二五万円出してもらいたい」

「ほうほう、今度は何するだ。ま、いい。現金は無理だで、手形でええな」

服部がサラサラと書いた手形を受け取ると、礼も言わず出ていった。二五万円（現在の価値で数億円）もの金額を証文もなしにやりとりする二人に退三は仰天した。そのおっさんこそ、発明王・豊田佐吉だった。

服部商店に入って半年も経っていない大正四（一九一五）年の九月、社長が「石田君、上海に赴任してくれ」と言う。海外駐在員といえば大変な抜擢《ばってき》だが、退三には売り込む綿布の知識もない。児玉一造に相談すると、飛んできて服部と大喧嘩になった。

「ど素人の退三にやらさんならんほど服部には人がおらんのか！」

「石田はウチの社員だ。ガタガタ言うな！」

結局、退三は、にわか勉強の後、上海に発った。月給は二〇円。しかしなにかと出費がかさむ。年末、社長に会って言うと「なぜ早よ言わんのだ。来月から三四〇円にしよう」。度肝を抜かれた。

二年後に香港に移って一年を過ごし、三年間の海外生活で給料に見合う働きをした退三は、いっぱしの商社マンになっていた。

上海には豊田紡織も進出していたから、豊田佐吉に何度か会った。口数の少ない佐吉だが「石田、商売人ならカネを儲けて回してくれ。研究はいくら金があっても足りん。発明は産業の基なんだ」と繰り返し言った。発明に全存在をかけるその姿に、退三の尊敬の念は一層強くなり、自らのなすべきことを悟った。

大正九年六月、退三は大きなショックに襲われた。佐吉を後援し、商人道を教えてくれた恩人・服部兼三郎が、大恐慌で会社の経営が行き詰まり、自ら命を絶ったのである。豪快かつ徳望家で、綿布界の覇王と謳われた服部から受けた大恩を退三は、終生忘れることはなかった。

独立の夢を否定され、豊田紡織に自動織機に移籍して社長に上りつめる

四〇歳を目前にして、再建された服部商店を辞め、退三は自分で何か商売をやろうと思った。わずかな資金でできるものがいい。

「ハギレ屋をやりたいので五万円貸してください」。一造に頼みに行くと一喝された。

「大バカヤロウ！　もっと大きな志を持てんのか！　これからは大資本の時代だぞ。利三郎に話してやるから〝豊田紡〟に行け」

一造の指図は退三の人生だけでなく、豊田グループの将来をも大きく変えることになる。

昭和二（一九二七）年、三八歳で豊田紡織へ入社したのが、豊田人としての第一歩だった。同社はすでに地歩をしっかりと固め、同系の豊田自動織機製作所も順調に発展していた。両社とも佐吉の創業だが、経営を担っていたのは、佐吉の婿養子になっていた利三郎である。兄弟のように仲の良かった少年時代とは違って、今度はオーナーと使用人の関係だったから、率直にモノを言う退三は何かと疎まれ、昭和五年に心の支えともたのむ佐吉が死ぬと、退三の影はさらに薄くなった。

一方、自動車製造の夢をふくらませていた佐吉の長男・豊田喜一郎は、昭和八年、豊田自動織機製作所内に自動車部を設け、自動車進出に踏み切った。退三はこれに「三井、三菱でさえやれん大事業だ。豊田を崩壊させかねない」と大反対したこともあり、豊田紡織では監査役に棚上げされる。しかし、そんな時でもくさらず、〝監査役本来の仕事〟として、営業から工場まで社内を回って無駄を省き、大幅にコストを下げた。

昭和一六年一月の末、退三は利三郎に突然「自動織機に常務で行ってくれ」と命じられた。まったく未経験の機械の世界だったが、「わしは豊田家の番頭だ。会社を発展させ、利益を出して尽くそう」と強く決心した。時あたかも太平洋戦争で、豊田自動織機製作所も軍需工場に転換したから、砲弾、機関銃、航空機の部品づくりに取り組んだ。

終戦後、コークスや鉄材などを極力集めて資材を確保したものの、生産開始の目途も立たない。従業員を集めて「会社とともに最後を遂げる覚悟のできない者はこの際、身を引いてもらいたい」と話すと、残ったのは三割弱の一六〇〇人。ところが、戦災で紡織機がなくなった全国から九〇〇台もの注文があって、あわててまた増員である。

戦後は、豊田の全事業が財閥指定で寸断されたが、唯一「豊田」を冠することになった豊田自動織機製作所は、平和産業への切替えも順調に進んだ。

豊田入りして二一年が経った昭和二三年一一月、退三はついに豊田自動織機製作所の社長に上りつめた。社長就任後は、米軍に粘り強く交渉して早くから海外輸出を実現、着実に利益を上げていった。

請われてトヨタ自動車工業の社長に会社再建を果たすも、相次ぐ悲報に涙

国産自動車製造を目指して昭和一二（一九三七）年八月に豊田自動織機製作所から分離・独立したトヨタ自動車工業は、昭和二四年に実施されたドッジラインの影響により、資金繰りが急速に悪化して、倒産寸前の状態に陥っていた。危機克服のための人員整理は二カ月にわたる激しいストライキを招き、「これでは自動織機も連鎖倒産してしまう」と退三は気が気でならない。自工社長の喜一郎は労使紛争を解決するため自ら辞任、大争議もどうにか解決に向かった。そんなある日、利三郎から呼び出しがかかった。

「再建のためには企業体質の根本的な改造が必要だ。君に自動車をやってほしい」

自動車への進出に猛反対していた退三ではあったが、なんとしても、経営危機に陥ったトヨタ自動車工業を再建しなくてはならない。「ほかにいないのなら引き受けますが、任せる以上は、はたから口を差し挟まないでもらいたい」。昭和二五年七月、退三は豊田自動織機製作所と兼任でトヨタ自動車工業社長に就任した。内心えらいこと

になったと思う一方、闘志も沸いた。

「会社の業績が好転したら、喜一郎さんを再び社長に迎えよう」

二週間も経ずして神風が吹いた。朝鮮戦争が勃発、米軍からの大量の車両注文で黒字が出るようになったのである。

「自動車はこれで再建できそうですよ」と言うと、喜一郎は「まだトラックだけだろう。乗用車をやれんようでは自動車会社とは言えんよ」と手きびしい。

「理想はそうでも、今は会社再興が第一でしょう」。そう言いたいのをぐっと我慢して、利益は全部、設備投資につぎ込んだ。

「能率は、人間ではなく機械で上げる」――退三の信念は亡き佐吉の思いでもあった。

旱天《かんてん》の慈雨ともいうべき米軍特需により、トヨタ自動車工業は大きく息を吹き返した。昭和二五（一九五〇）年のスト当時には約一億三〇〇〇万円もの損失に悩んでいたが、第二三期（昭和二六年五月）

朝鮮戦争による特需当時に生産されたBMV型トラック

の決算では二億四九三〇万円の純利益をあげ、昭和一九年以来停止していた株主への配当も復活した。

「石田はついとる」。羨望を込めてそう言われたが「ツキや運は日ごろから真面目に努力しとるもんだけがつかめるんだ。特需というチャンスを生かせたのも、それに対応できる人と設備と技術があったからだ」と退三は思った。「よい製品を生み出すにはよい設備が必要だ」と、儲けは最新の設備にどんどん投入した。

社長在任わずか二年で借金を一掃、トヨタ自工を見違えるような会社に仕立てると、東京に移り住んで療養に努めながら再起を期していたトヨタ自工の創業者・豊田喜一郎を訪ね、社長就任時に公約した社長復帰を懇請した。

当初は渋っていた喜一郎も、石田の真摯な懇請に応じて「ありがとう。喜んで帰らせてもらうよ」と答えたが、積年の労苦と病のせいで、復帰目前の昭和二七年三月、五七歳で急死してしまった。

「せめてあと一〇年生きて、理想的な乗用車を作ってから逝ってもらいたかった」

退三は喜一郎の逝去を深く惜しんだ。その三カ月後、今度は、戦前、豊田系全事業の総帥を務めた豊田利三郎が、喜一郎の後を追うように六八歳で亡くなった。

「お二人とも戦後は苦労ばかりで、ええことがなさすぎましたなあ」。退三は彼らの無念さを思い、涙した。

無借金主義のケチケチ経営で国内初の乗用車専門工場を建設

二大支柱を失って、退三の責任は倍加した。大番頭として「優れた乗用車を安く製造する」という喜一郎の夢を一日も早く実現したい。それにはカネがいる。

退三は「設備第一主義」「無駄を省いた効率化」「無借金主義」を打ち出した。その徹底ぶりは「直接利益を生まないものに余計なカネをかけることはない」と本社事務所を建て替えることもなく、昭和三二（一九五七）年に行幸された天皇を、その事務所にてお迎えしたほどだった。

「石田はガメツイ。守銭奴だ」とまで陰口をたたかれたが、あくまでも自己資金蓄積のための合理的金儲け、経営における無駄の排除だった。

「経営者は会社を儲けさせることが第一の使命だ」

「研究や設備投資を心おきなくやるためにも、最後はカネを持っているヤツが勝つ」

退三はまた「自分の城は自分で守れ」を信条とした。人に頼らず、自分で責任を持

昭和36（1961）年、退三は社長を退任。
左は四代目社長・中川不器男

ち、会社を守る。それは、かつて服部兼三郎から学んだ近江商人の商人道でもあったし、「創意工夫」「不屈の闘志」といった佐吉翁の遺訓——換言すれば、仕事に対する姿勢の厳しさにほかならなかった。だから、貪欲なまでの設備の改善・近代化も自分のカネでやった。日常の一万円をケチっても、設備投資の一〇〇億円は惜しまなかった。

一方、昭和三〇年にトヨペット・クラウン、三二年にはトヨペット・コロナを世に出して人気を博したが、近い将来、本格的なモータリゼーションが到来すると見た退三は、昭和三四年、わが国で最初の乗用車専門工場である元町工場を建設した。

当時、乗用車市場の行方はまだ霧の中、そのうえ〝ナベ底不況〟と呼ばれた不況の最中での建設決定・着手であったから、業界では疑問視されたが、退三は敢然と大勝負に打って出た。この一大投資は、他社に大きな差をつける結果になった。翌三五年、大衆車ブームが起こったからである。経営者・石田退三の的確な情勢判断と信念の勝

昭和41（1966）年に発売された初代「カローラ」

利であった。

昭和三六（一九六一）年には大衆車パブリカを市場に投入するとともに、目前に控えた貿易自由化に対処するための自動車量産体制を整備する見通しがついたことを確認し、退三は副社長の中川不器男に社長を譲って会長に就任した。

未見の難局・自由化を乗り切るには、性能も価格も外国車に負けない車の量産化が必至だったが、それまでの積極的な設備投資が大いに効果を発揮し、二年後には月産三万台、昭和四一年には月産五万台を達成した。ロングセラーになった「カローラ」が発売されたのは同年一一月である。

昭和四二年の夏から逐次実施されることになった資本自由化は、さらに企業自体の国際競争力を問われる厳しいものであった。退三らは、元町工場の整備拡充に加え、昭和四〇年以降、愛知県豊田市に上郷工場、高岡工場、静岡県裾野市に東富士研究所を建設、月産一〇万台体制を確立した。血のにじむような苦労を経て自由化を乗り切ったトヨタ自工がその後、世界の隅々にまで販路を広げたのは周知の通りである。

＊

退三は八二歳になった昭和四六年に、後継者が育ったこと、豊田市に堤工場が稼動を始めるなど、年産二〇〇万台体制が整ったのを機に、会長も辞任した。

不況のどん底で苦境に陥っていたトヨタ自動車工業を、社長在任一一年にして、資本金を二億一〇〇万円から二五五億円へと一〇〇倍以上に拡大して飛躍的発展の基礎を確立、名実共に世界の超一流企業に育てた石田退三は、昭和五四年九月一八日、九〇歳で死去した。奇しくも、退三の先見・判断によって建設した元町工場の地鎮祭、完成披露式典と同じ月日だった。

あの世で児玉一造、服部兼三郎、豊田佐吉の三大恩人に再会した退三は言ったに違いない。「ワシはあんたがたの恩に十分報いる仕事をしてきましたぞ」と。

「メーカーは〝大根役者〟たれ」

アサヒビール／第六代社長　樋口廣太郎《ひぐちひろたろう》

日本中に浸透したアサヒの「スーパードライ」。昭和六二（一九八七）年三月に発売されるとすぐに大ヒット商品となり、初年度の販売量は一三五〇万ケース（一ケースは大ビンで二〇本）。売上高は八〇〇億円を超え、翌年も七〇パーセント増を記録した。従来の「重くて苦い」というイメージを打ち破ったスッキリした飲み口で、消費者の食生活の変化にマッチした新しいビールだった。

実は、ドライビールの開発申請は、役員会で二度却下されていた。〝ドライ〟はワイン、〝辛口〟は日本酒の世界の表現で、ビールの味にはない概念だったからだ。それでも、若手社員たちは「軽くて喉越しがいいビールが求められています」「前例がないからこそ、作ってみたい」と言い張る。その熱意に、社長の樋口廣太郎は、「試しに作ってみてから考えよう」と裁断を下した。

新しい酵母から作った試作品を消費者にも試飲してもらうと、「これはうまい！」と好評だ。わが国初の辛口ビール。最終的な味を決めたのはお客さまだった。

スーパードライのヒットで、アサヒはシェア二〇パーセントの大台に乗せ、業界二位に躍進したが、樋口が社長に就任した前年は、かつてのトップメーカーも業界三位、シェアは過去最低の九・六パーセントにまで落ち込んでいた。

樋口は昭和六一（一九八六）年に住友銀行（現・三井住友銀行）の副頭取からアサヒビールに転じた。三七年間の銀行勤めの間も常に言うべきことはポンポン言ったから、上から見れば〝うるさい存在〟であった。その空気を察して、誰もが敬遠したアサヒビールの社長職を自ら希望したのである。

「よーし、トコトンやってアサヒを立て直してみせる」

とはいえ、ビールに関してはまったくの素人である。就任挨拶を兼ねてキリン、サッポロ、サントリーの社長を訪ね、教えを乞うと、異口同音に「アサヒのビールは古い」「仕入れ原料も高い」と指摘された。消費者アンケートでも「味が悪い」（八七パーセント）、「マークが古臭い」（八三パーセント）とさんざんだった。

たまたま、社長就任一カ月前に「アサヒ生ビール」が発売されていた。五〇〇〇人の消費者アンケートで真の嗜好やニーズを詳細に探り、開発したビールだ。「コク」（口に含んだときの芳醇さ）と「キレ」（喉越しの清涼感）は二律背反する。しかし、とくに若者の意見を中心に絞り込んで作り上げた、この「コクがある。

るのにキレがある」ビールは人気を呼んだ。この結果を見て、樋口は「これまでアサヒが作っていたのは消費者不在の商品だった」と気づいた。

樋口は常々、「メーカーは大根役者であるべき」と考えていた。大根役者は、監督や演出家の指示通りに忠実に一生懸命演じる。メーカーの監督、演出家は消費者である。ならば、消費者の意見に基づいて商品を作り出すのがメーカーの務めだ。

ビールは長い間メーカーが味を決めてきた。しかし、今の時代は消費者の感覚の方が鋭敏だ。メーカーが生き残る道は、消費者のニーズを的確に捉え、それに応える商品を提供することしかない。「辛口のビール」という前代未聞だったスーパードライも「消費者が味の主導権を握ったまったく新しい商品」であった。

「スーパードライ」の誕生から二〇年。アサヒビールは国内シェアを大きく伸ばし、今なお、新商品の開発に余念がない。「すべては、お客さまの『うまい！』のために」を経営の柱に据え置くその姿勢こそ、かつて「消費者の声に耳を傾けよ」と言い続けた樋口の経営理念に基づくものである。消費者の変化をふまえ、消費者の声に謙虚に耳を傾けてこそ〝ヒット商品〟が生まれる。

「アサヒもいい大根役者になったぞ」。樋口を含め四代続いた住友銀行からの社長を生え抜きに大政奉還するとき、樋口の胸に去来した思いだった。

IV

絆

独自の経営理念・商業倫理を切り拓き、
信念を貫き通した〝新商人〟

相《そう》馬《ま》愛《あい》蔵《ぞう》・黒《こっ》光《こう》【中村屋／初代】

商売にはずぶの素人だった相馬愛蔵・黒光夫妻が始めた東京・新宿の中村屋。日本で初めてクリームパンを考案、その後も、月餅、中華まん、純インド式カリーと、次々にロングセラー商品を生み出した。同社発展の要因は「食を通じて社会に貢献すること」をモットーに、旧習にとらわれない〝近代的合理精神〟に基づいた経営方針であった。

穂高で一生を送る覚悟の夫婦だったが……上京してパン製造販売の店を開店

相馬愛蔵は明治三（一八七〇）年、北アルプスの山麓・穂高村の旧家の三男として生まれたが、一歳で父に、六歳で母に死に別れた。

早稲田大学の前身・東京専門学校に学び、学友の多くは公務員になったが、独立自尊の気概があった愛蔵は、率直にモノも言えない給料生活者にはなりたくなかった。仕事を探して北海道に渡ったが、一年で帰郷したのは、ずっと愛蔵の親代わりを務め、学資を送り続けてくれた一五歳年上の兄・安兵衛に子どもがなく、準養子を望まれたからである。それからは、養蚕・蚕種の研究に従事し、その成果を『蚕種製造論』や『秋蚕飼育法』などにまとめ、養蚕家として名を成した。また、禁酒会を組織するなど、地域運動にも熱心に取り組んだ。

一方、黒光（本名・良《りょう》。黒光はペンネーム）は明治八（一八七五）年に宮城県仙台の士族の三女として生まれた。

宮城女学校に入学するが、先輩らのストライキに同調して退学、単身上京して横浜

本郷当時の新聞広告。黒光の肩書は「独立苦楽部員」

フェリス女学院に、さらに麴町の明治女学校に転じて卒業した。自らの意思をもって行動する、感受性豊かな「新しき女性」であった。当初、文学への道を志すが、いわれのない中傷記事が新聞に載ったり、親友が婚約したことなどが続いて心に痛手を受け、無為の日々を送るようになった。

そんな時、教会関係の縁で出会ったのが愛蔵である。中傷記事などまったく気にしない愛蔵の、自分への理解と信頼に感激して、黒光は結婚を決意。明治三〇（一八九七）年三月、東京の牛込教会で式を挙げた。愛蔵二六歳、黒光二一歳であった。この時の信頼関係と夫婦愛が、後の中村屋を揺るぎないものにする礎になったといえよう。

穂高の家では、広さ一八畳の洋風の応接間を増築してインテリの花嫁を迎えた。結婚当初、夫妻は穂高に骨を埋める覚悟だった。しかし、都会のセンスと教養を身につけた黒光は、山深い信州で旧弊な農村の嫁としての暮らしに馴染めず、ついには健康を害してしまう。

「東京へ出よう！」

明治三四（一九〇一）年九月、二人は、兄のもとへ幼い長女・俊子を残し、乳飲み子の長男・安雄を連れて上京した。本郷に小さい家を借り、さて何をしたものかと考えたとき、たどり着いたのは〝商売〟だった。もちろん、二人ともまったくの素人だったが、「まだ一般に馴染みの薄い商売ならば力量に差がなくてよい」とひらめいた。何を商うか――。目をつけたのは、文明開化の流れを受けて広まってきた〝パン〟だった。しかしここですぐに決断しなかったのは、〝後には引けない〟という覚悟と慎重さゆえであろう。

パンが一時的なブームにすぎないのか、新しい食文化を担うものとして将来性があるものなのかを判断するため、自ら三食のうち二食をパン食にして、三カ月間試してみた。すると、煮炊きの手間はかからず、突然の来客にも非常に便利である。「これならばやれる！」。早速「パン店譲り受けたし」と新聞に三行広告を出した。すぐに申し出があったのは、なんと二人が毎日パンを買っていた東大正門前の「中村屋」だった。

「商売は繁盛しているのですが、相場に手を出して失敗しまして、材料を仕入れることもできず、このままではやっていけません。七〇〇円で買ってください」と主人が言う。ただ、二人の手元にはその半分のお金もない。もちろん、兄に援助を仰ぐ気持ちは毛頭ない。金策に困っていると、不用の土地を売った愛蔵の同郷の友人が資金を貸してくれた。

こうして、明治三四（一九〇一）年一二月三〇日、〝二人の店〟が開店した。従業員も屋号もそっくり受け継いだから、商売は初日からできたが、問屋からは現金で仕入れることに決めていたので当座はやりくりに苦労した。そのうち「インテリ夫妻がパン屋を始めた」と新聞で紹介され、評判が広がると、わざわざ見に来る学生もいて、年若い黒光は顔を赤くした。やがて一高の茶話会の菓子の注文もくるようになり、愛蔵も学生には特別サービスした。

将来の発展性を考え、新宿に進出 狙いは的中、今日の基礎が築かれる

小さなパン屋は順調に発展し、創業六年後、規模拡大のため、新規に店を出すことにした。愛蔵はここでも将来の発展性を考えて、市電の終点が最適と判断、新宿に目をつけた。追分（現・新宿三丁目）に新築の貸家を見つけ、明治四〇（一九〇七）年一二月に開店。すると、初日の売上が本郷店を上回った。

さらに二年後の九月、店舗拡張のため新宿東口の現在地に移転したが、新宿という土地の集客力の凄さや後の繁栄を見透かしていたかのような的確さであった。

中村屋には、独特のオリジナル商品がたくさんある。その第一号「クリームパン」が誕生したのは、開業三年目の明治三七（一九〇四）年、きっかけはシュークリームとの出会いだった。

ある日、初めてシュークリームを食べてそのうまさに驚いた愛蔵は、クリームを餡《あん》パンの餡の代わりに用いれば、栄養価も風味も加わって一層高級なものになると考えた。さっそく試作して店に出してみると、飛ぶように売れた。当時としては画期的な商品だった。同様にクリームを用いたワッフルも好評で、クリームパンとクリームワッフルは創業間もない同店の人気商品となった。

このほか、「中華まん」を昭和二（一九二七）年に初めて日本で売り出すなど、その後も独創的な新商品を次々と世に送り出していった。

本郷で中村屋を創業してからも愛蔵は養蚕・蚕種の仕事を続け、農繁期には穂高村に帰郷し、関係の本を著したりもしていたので、当初一〇年くらい、経営の主体は黒光であった。本来なら「奥さま」と呼ばれるような高い教養を身につけていたが「おかみさん」と呼ばせ、商人の妻に徹した。店を切り回すだけでも大変だが、何人もの食事や着るものの世話をし、育児や家事一切もこなした。

ある日、黒光が頭を櫛巻きにし、乳飲み子を背中にくくりつけ、洗い張りしているところへ女学校時代の友人がやってきた。

「そんなことまであなたがやるの?」。従業員の古着の繰り回しまで女主人がやっているのに友人はひどく驚いたのだが、黒光にとっては当然の仕事だった。八面六臂の中、世帯やつれもせず、書生のように元気で希望に燃えていた。結婚以来、愛蔵がずっと生かし続けてくれているという信頼感があったからである。

寛大で理知的な愛蔵と厳格で情熱的な黒光。二人の性格は対照的だったが、お互いが補い合い、感化し合って、中村屋の経営を形作っていった。

「お客への本当のサービス」を追求
正札販売を貫き、御用聞き等を廃す

「小売商にとって一番大切なのはお客の信用を得ること。そのためには、正札厳守以外にない」

それが、愛蔵の終始一貫した方針だった。どんなお客にも正札で売り、絶対に値引きはしなかった。その代わり、もう安くできないぎりぎりの値をつけた。特売や福引も一切やらなかった。

実は創業から五年経った時、感謝の意を表したくて、愛蔵は一割引の券を一万枚用意した。ちょうどその頃、松屋が当時の百貨店としては珍しくバーゲンをやっているというので、興味をひかれて行ってみると、会場は身動きできないほどの大盛況である。しかし、他の売場は閑散としている。

「バーゲン以外の日に行った客は、同じ品を高く買わされたと腹が立つだろう。それに、なあに、またそのうち特売するさと、店を信用しなくなる」

愛蔵は、店に帰り着くなり、出来上がっていた割引券をパン焼窯に投げ込んだ。

また愛蔵はお客へのサービスを徹底する一方で、合理性を追求した。

「おいしいものをどこよりも安く売ることこそ、本当のサービス」

「値段に影響する不合理性は排除しなくてはならない」

まず、無料配達を廃止し、得意先でも配達の希望があると配達料を申し受けた。当時、商店ならどこでもやっていた御用聞きもやらなかった。重い荷物を担いで回っても毎日用があるわけではない。掛け金の回収も早くて月末、取りそびれるケースさえある。訪問した家で雑用をやらされたりして、店員の自尊心も踏みにじられる。

明治42～昭和元（1909～26）年の店舗
（写真は「大震災記念販売」当時）

「消費者が経済的に目覚めれば、御用聞き制度も次第に廃《すた》る」という愛蔵の予測は、現実のものとなった。

得意先に中元・歳暮も贈らなかった。「おまえのところは何も持ってこないじゃないか」と言われたが、「どこよりも安く勉強している」という自信があり、それで十分と考えたのだ。

ところで、愛蔵は、店を一二坪から五〇坪にまで拡張するのに六～七回増改築工事を重ねた。友人たちからは「これじゃあ、無駄な出費が多いじゃないか」と言われたが、意に介せず、客の増加に応じて徐々に拡張した。「店は常に賑わいがあるのがよい」が持論だった。

商品も控えめに製造した。「毎日早く売り切れれば、この店の品は常に新しいということになる」と、売れ行きが見込めても八掛け程度にとどめた。

従業員の家族にも温かい配慮をする一方、規律違反には断固とした処分を

相馬夫妻は、従業員にもお客同様分け隔てなく接し、待遇にも心を砕いた。給料は格別高くはできなかったが、扶養家族のある者には手当を支給した。また、一家の主人が急死したりすると遺族はたちどころに困るだろうと、勤続一〇年以上の者には一〇〇〇円、二〇年の者には二〇〇〇円というように〝生命保険〟をつけた。小売店でこのような制度は革新的だった。

店員の労に報いるため、「福袋デー」を設けてもいる。日曜・祝日は忙しく、店員にも余計に働いてもらわねばならない。平日の売上高の一・二倍以上になった日には、その二パーセントを分配したのである。

働く人の能率を上げるためには毎日の能率を平均させることが重要と気づき、繁閑の平均化にも努めた。「コンスタントにやってこそ、商店として自然に強みと自信が生まれ、お客からも理解と信用を得、繁栄につながる」

事実、中村屋は三〇年間で売上が二〇〇倍になった。また、年に二～三回、一流の

料理店で従業員と食事を共にし、芝居や相撲見物に連れて行く時には一等席で見せた。「店員が自分を卑下したり他を羨《うらや》むことがないように」という理由だけではない。お客の立場に立って感じ、考えるという教育効果も狙ったのである。

一方、ごまかしや妥協に対する厳しさも人一倍だった。

あるデパートから菓子を納品してほしいと頼まれた時、商品の性質上「返品は一切しない」という条件で応じた。ところがある日、売れ残ったチョコレートの折りを返品してきた。番頭を詰問すると、「大口の得意先ですから、一つぐらいならと思いまして」と言う。

約束を無視したやり方に愛蔵は憤慨し、デパートに取引の停止を通告、重大な取引上の規則を無断で破った店員に対しては、泣いて馬謖《ばしょく》を切った。店是を厳格なものにしておきたい、独立不羈《ふき》で商売をやってゆきたいという信念からであった。

「中村屋サロン」に集う人々を援助
革命家・ボースとインドカリー

利潤追求を超えた愛蔵の〝新商人道〟は当時の商業界に新風を巻き起こしたが、同時に、愛蔵・黒光が開発した独創的かつ革新的な新商品は、お客の評判を呼んだ。それらの多くは、二人が主宰した「中村屋サロン」から誕生した。

〝商人〟という枠にとらわれず、常に広く社会に目を向ける愛蔵と黒光の周りには、いつしか、志を持つ人々が集うようになった。小説家の国木田独歩、彫刻家の中原悌二郎や高村光太郎、洋画家の斎藤与里、社会主義者の幸徳秋水、木下尚江、福田英子、等々、芸術家や知識人などさまざまな人々が、この「中村屋サロン」を舞台に、芸術論を戦わせ、創作活動も精力的に行った。

二人は忙しい仕事の合間を縫って、できる限りの援助をしたが、とくに黒光は、サロンの女主人として、近代劇の育成や海外の歌劇の紹介などに尽力した。

サロンからは画家の中村彝《つね》、鶴田吾郎ら多くの芸術家を輩出した。なかでも〝日本のロダン〟と呼ばれた荻原碌山《ろくざん》（本名・守衛《もりえ》）の才能は、二人が新婚生活を送った穂高時代に黒光が見出した。愛蔵が主宰する禁酒会に参加していた碌山は、黒光が嫁入り道具として持ってきた長尾杢太郎《もくたろう》の油絵「亀戸風景」に魅せられ、画家を志したのだ。後にフランスでロダンの「考える人」に出会って彫刻家に転身、明治四一（一九〇八）年に帰国すると、中村屋の裏にアトリエを設け、力強い作品を発表して、美術界に大きな波紋を起こした。

日本近代彫刻最高の傑作といわれる「女」の像を完成させた一カ月後の明治四三年四月、三二歳の短い生涯を閉じたのも、中村屋の一室だった。

愛蔵・黒光の人道的側面からの働きで目を見張るのは、イギリスの憲兵に追われ、日本に亡命したインドの革命家、ラス・ビハリ・ボースを一家を挙げてかくまったことである。

第一次世界大戦中の大正四（一九一五）年の年末から四カ月半、黒光は明治女学校で学んだ英語を駆使して、親身になって世話をした。厳しい官憲の目からボースを護る心労はいかばかりであったろうか。緊張が続くあまり、当時、乳飲み子を抱えていた黒光の乳質が変化し、我が子を亡くすという悲劇にも襲われた。

いよいよ追跡の手が迫り、四六時中そばにいなければ彼を護れないとなった時、愛蔵・黒光が共に信頼する人から「長女の俊子をボースと結婚させては？」という話が持ちあがった。

想像もしなかった提案に、親子は何日も何日も考え、悩んだ。結論を出せないまま、俊子に気持ちを聞くと「どうぞ私を行かせてください」と言う。二人はその健気さに涙し、断腸の思いでボースに嫁がせたのであった。

このことが、後年、中村屋の超ロングセラー商品の誕生に結びつこうとは、もちろん、二人は知る由もなかった。

「日本のライス・カレーは安っぽい料理になっていますが、本場インドのカリー・ライスは鶏肉もバターも米も最上級のものを使った〝貴族の食べ物〟です。香料も十数種入れるんですよ。お教えしますから、喫茶部で出してみませんか」

大正13（1924）年に来日したインドの詩聖タゴール（中央）と相馬夫妻、ボース一家

第一次大戦後日本に帰化した婿のボースは、母国の代表的な料理を、中村屋の新商品として提案した。さっそく愛蔵はボースから本場のカレーの作り方を教わったが、それをそのまま取り入れたわけではない。最上の旨さを出すため、徹底して材料にこだわった。

米は、汁をかけると平均してよく浸み透るものでなくてはならない。はじめはインドから取り寄せてみたが、日本人向けの味ではなかった。江戸時代に人気を博した「白目米」があったことを知り、種切れ寸前だった同米の栽培を埼玉県の農家に依頼、復興させた。後には山梨県に飼育場を設けて、自ら飼育した上等の地鶏を使用するようになった。

こうして昭和二（一九二七）年六月に発売された「純印度カリー・ライス」は、たちまち大好評を博した。追っ手を気にして神経をすり減らした新婚時代の無理がたたり、病に倒れた俊子が二八歳で世を去った、二年後のことだった。

サロンで培った幅広い人脈が新商品開発に実を結ぶ

「ボルシチ」は、大正八（一九一九）年、盲学校に学ぶために来日した盲目詩人・エロシェンコが、女性運動家・神近市子《かみちかいちこ》の紹介で中村屋にやってきたのがきっかけだった。ロシア革命のため本国からの送金が途絶え、困っていたのだ。

二人ができる限りの世話をしたのは言うまでもないが、この出会いは、ロシアの衣食住との出会いでもあった。「エロさん」が当局からボルシェビキの嫌疑を受けて日本を去った後の大正一一（一九三六）年六月、愛蔵と黒光はハルピンまで出かけ、そこで初めてロシアの料理や菓子を味わった。

「旨いもんだなあ」。そして、喫茶部開設のメニューに加えられた。また、洋服より

昭和初期、レジの前に立つ愛蔵

便利で経済的な「ルパシカ」は店の制服に採用した。

さらに「月餅」は、昭和元（一九二六）年秋の中国旅行で出会った菓子である。中国では十五夜に月餅を作って供え、親しい間で贈答が行なわれるという話を聞き、愛蔵は「日本に似た風習だ。日中融和のために、十五夜に月餅を売ろう」と決めた。「月餅」も今日まで、中村屋のロングセラー商品になっている。

＊

相馬愛蔵は昭和二九（一九五四）年二月に八三歳で、黒光はその翌年に八〇歳で天寿を全うした。

「商売の本道は社会奉仕である」という理念を見事に貫いた生涯であった。

興行界を改革し、演劇王国「松竹」を築き上げた双子の兄弟

白井《しらい》松次郎《まつじろう》・大谷《おおたに》竹次郎《たけじろう》【松竹／創業者】

芝居に魅了された双子の兄弟、白井松次郎、大谷竹次郎は、演劇を事業として確立することを目標にした。兄弟は多くの困難を不退転の粘りで突破、興行の合理化・近代化に努めた。松竹の歴史は明治二八（一八九五）年、弱冠一八歳の大谷竹次郎が京都新京極の阪井座の座主になった時に始まる。それから一一〇余年の同社の歴史は、そのまま興行界発展史に通じる。

相撲小屋で育ち夢中で働いた双子の兄弟

明治一〇（一八七七）年一二月一三日、京都・三条柳の馬場で、相撲興行の水場（売店）を稼業にしていた大谷《おおたに》栄吉、しも夫妻に双子が生まれた。京都では、歳末の一三日は正月の松飾りの準備をするなど縁起のいい日であることから、兄は松次郎、弟は竹次郎と名づけられた。

しかし、兄弟が育ったのは、巡業を続ける相撲小屋の荒ムシロの上。物心のついた頃には座布団を整えたり、煙草盆の掃除をしたり、親の仕事を手伝うようになり、小学校へ入学しても、学校へ行くより働くことの方が多かった。「三つ子の魂百まで」。この頃から、理屈抜きに働くことだけを両親から教えられた。

幾分落ち着いたのは、兄弟が九つの時である。祇園花見小路にできた劇場「祇園座」（祇園館）の株を母方の祖父が買ったので、大谷親子もそこの水場で商売をすることになったからだ。

「せんべいはいりまへんか～。岩おこしはどうや。みかんもありまっせ」

兄弟は幕間には肩に箱を乗せてお客の間を売り歩き、幕が開くと、食事も忘れて隅に立って芝居に見ほれた。とくに、一三歳の正月に九代目市川團十郎一行の公演で見た中村鴈治郎の美しさに、忘れられないほどの衝撃を受けた。この頃すでに、狂言（演目）の筋から台詞《せりふ》の意味まで完全に理解し、芝居の評も少年とは思えないものだった。

「他人も自分も楽しめる興行はええ稼業やなァ」

「うちらはいまに芝居屋になるんや」

身体つきから話の仕方まで見分けがつかないほどそっくりの兄弟は、将来の夢まで同じだった。芝居が好きでも、役者ではなく〝演劇事業〟を目標にしたところに、松・竹兄弟の非凡さがあった。

芝居ゴロを追放して興行を合理化
社名を統一、「松竹」を名乗る

明治二八（一八九五）年の暮れ、父栄吉が京都新京極「阪井座《さかいざ》」の売店を手に入れ、金主《きんしゅ》（共同出資者）の一人となった。しかし栄吉は売店経営に専念し、一八歳の竹次郎を代理として阪井座の木戸に座らせた。これが「松竹」の創業である。

弟が跡目を継いだのは、兄・松次郎が同じ新京極の劇場「夷谷座《えびすやざ》」を手伝っているうちに、その売店を経営する白井亀吉の次女八重と結婚、明治三〇年三月に白井家の養子となったからである。阪井座の金主は五人だったが、他の四人は素人だったので、竹次郎が名実共に興行主であった。

「若いくせに生意気や」と言われても、役者にダメを出したり、座方《ざかた》（使用人）を督励したりするうちに、竹次郎の気迫が阪井座全体に行き渡り、また、仕打《しうち》（経営者）として新京極で知られ始め、劇界進出の根底を作った。

〝竹〟が伸びると〝松〟も枝を広げ始めた。

松次郎は、父栄吉がもう一つの金主をしている東向座改め「京極座」の代理人となり、さらに、夷谷座の座主・杉本五兵衛に「わしに倅《せがれ》はおるが芝居には向かん。松次郎にならこの座を任せてもええ」と見込まれ、夷谷座の興行人となった。

明治三三年一月、経営難に陥っていた「常盤座《ときわざ》」を兄弟で経営することにした。また、竹次郎は同年一二月に阪井座を買収して取り壊し、祇園座の建物をそこに移築して「歌舞伎座」と改称（注・東京の歌舞伎座とは別）、二三歳で初めて自分の劇場を持った。私生活ではこの年、西陣船越家の長女ツネと結婚した。

ところで、当時の芝居興行は乱脈を極めていた。ゴロツキが巣食って、木戸銭、場

松と竹を組み合わせた創業当時の社章

代、布団、茶、番付とすべて細かく縄張りを作って取り分を決め、カネを勝手に持っていくので、経営者の懐にはわずかの木戸銭しか入らない。兄弟が経営を任された常盤座も同様で、この悪習を一掃しない限り、劇場経営は成功しないとみた二人は仲売《なかうり》（場内販売）を直営にし、芝居ゴロを追放、従業員の報酬も給料制に改めた。

改革は恨みを買い、数々の嫌がらせと暴力を受け、命の危険さえ感じたが、「よい芝居を育てるためには、利益を芝居にまわすことが大事や」とひるまなかった。やがて騒ぎも収まり、興行の合理化が実現、劇界は改革の第一歩を踏み出した。

順調に進み始めたように見えた明治三四年、相次いで不幸に襲われる。六月、賃借使用中の常盤座から出火して全焼、次いで七月には父栄吉に逝かれた。

兄弟を支えたのは母のしもである。松・竹二人を家長並みに遇し、言葉づかいを殊更に丁寧にし、何くれとなく面倒を見てくれた。おかげで、二人は一家に対する責任感を持ち、身持ちも堅かった。

明治三五年元旦、二五歳の松次郎と竹次郎は、京都常盤座跡に「明治座」（後の松竹座）を新築開場、座主となったが、同一月三日付の大阪朝日新聞京都版は、「松竹《まつたけ》の新年」という見出しで兄弟の興行手腕と信用の厚さを紹介して、その門出を祝う記事を掲載した。これを読んだ二人は、「そや、これから〝松竹《まつたけ》合名会社〟いうことにしよか。これまで兄弟で共同経営してても、小屋によって番頭はん（部下）も二手に分かれて不便が多かったさかいに、統一したほうがええ」。

こうして「松竹」の名が起こり、松と竹を組み合わせたマークもその時考案された。

少年の日に憧れた鴈治郎と提携　大阪、東京の劇界に進出

明治三六（一九〇三）年の劇界は日露戦争の影響で、恒例の顔見世興行さえ維持できないほど苦しい状態だった。その年の一二月、竹次郎は四条通りで偶然出会った中村鴈治郎に「南座が日限《ひぎ》り通りに打てんのや。面目のうて大阪に帰れへん。何とかしてほしい」と、突然泣きつかれた。昔、兄弟を感激させた名優だ。「よろし」とすぐ

に残りの日数の公演を引き受けた。

五日間だけだったが、新京極歌舞伎座で初めて松竹兄弟と仕事をした鴈治郎は、目を見張った。一般的に当時の芝居は予定が勝手に変更され、プログラム通りに狂言が出揃ったためしもなかった。しかし、兄弟は時間通りに幕を開け、役者にキチンと台詞を覚えさせ、大道具や小道具にも的確な指示を出す。

「こないに芝居が好きで舞台を大事にする仕打《しうち》（経営者）はんはおらん。役者もどないに勉強になるか知れん。白井はん、わいの面倒を見ておくれやす」

こうして、鴈治郎は松竹の専属となり、息子ほど年下の松次郎とは終生、信頼と友情で結ばれた。

大阪朝日新聞も「劇界は覚醒の手本にすべきだ」と兄弟を称える劇評を載せた。これに逆に刺激され、「人口もカネのあがりも京都の数倍の力がある大阪で、うちらの力を試してみたいもんや」という思いが湧いてきた。

それが実現したのは、約二年後、道頓堀中座での鴈治郎一座による松竹直営興行であった。ところが、大阪の興行界は悪習に染まり、売店の売上増のため、上演時間は午前中からだらだらと長いし、役者は開演ぎりぎりまで劇場に来ない。松次郎は開演を午後五時からとし、上演時間も短縮した。周囲の強硬な反対にも「アンタがたの都合に合わすわけにはいきまへん」と取り合わなかった。

お客本位の松竹興行は好評を重ね、松次郎は大阪新派の本城・道頓堀朝日座、人形浄瑠璃の常小屋・大阪文楽座を買収するなど、大阪での地盤を着々と築いていった。

一方、京都に残った竹次郎のもとには、南座の座主・安田彦次郎から「わいの引退後に南座を任せられるんはアンタがたしかない」と譲渡話が舞い込み、阪井座改め歌舞伎座、常盤座改め明治座に続き、明治三九年一二月、名門南座も松竹の所有となった。

京都、大阪で力を得た兄弟の夢は東京制覇に向かった。ちょうどその頃、俳優の中村芝鶴所有の新富座が売りに出ているという。さっそく明治四三年一月、竹次郎が上京し、「新富座は由緒ある守田勘弥の後身やから」と相場の倍以上で買収した。これが、東京進出の足がかりとなった。

しかし、東京の興行界は竹次郎にとって別世界だった。知り合いも頼るべき資本もない。唯一の宣伝媒体というべき新聞の劇評を書く記者たちに顔を売る方法もわからなかった。観客には「大阪者《もの》の経営する芝居なんか誰が見に行くもんか」、役者には「大阪者の陣門になんぞ降《くだ》れねえ」と反感を持たれ、東京初興行は大失敗に終わった。

それから竹次郎は誰よりも働いた。「上方《かみがた》と東京は水と油や。そやけど、下足番と

3度の焼失を経た現在の歌舞伎座

いえども東京では向こうが先輩や」と自らに言い聞かせ、「東京のことは何一つ知りまへん。皆さんよろしゅうご指導ください」と頭を下げた。そんな竹次郎に、従業員たちも次第に惹かれていった。

明治四四年三月、東京丸の内に、伊藤博文、渋沢栄一など政界・財界の有力者による株式組織の帝国劇場ができた。純洋風の建物ですべて椅子席、入場は切符制と、それまでの興行方式を一新したものだった。

当時の東京劇界でボス的存在であった田村成義は、歌舞伎座の興行相談役を務めていたが、帝劇に対抗すべく、歌舞伎座の大改築にとりかかっていた。一方、竹次郎は、その夏、歌舞伎座の重役から寄せられた株式譲渡話に応じ、手付金を渡していた。それを知った田村は「関西の若造なんぞに歌舞伎座を渡すもんか」と契約解消に躍起になった。専属俳優やひいき筋からかき集めたのは、手付金の倍額三万円。これを持ってきた田村に、竹次郎は「嫌と言わはるのを強引に乗っ取るわけやない。それに、役者はんから集めたいうカネを受け取るんは心苦しい」と、手付金以外をそっくり返した。

この心意気に江戸っ子は喝采、二年後、歌舞伎座の経営は、粘り強く時期を待った竹次郎の支配下に入り、さらに大正四（一九一五）年正月興行から松竹直営となった。竹次郎が東京へ出て六年目、ついに日本一の劇場・歌舞伎座を手に入れたのである。

合理化を進め、俳優陣をプール制に将来性に着目し、映画会社を創業

東京・歌舞伎座の経営も軌道に乗り始めた直後の大正四年八月、京都の本宅へ帰り、久しぶりに母や妻と団欒のひと時を過ごしていた竹次郎のもとへ悲報が届いた。長男・栄次郎が日光でボート遊びの最中、行方不明になったという。気も動転して現地に駆け付けたが、数え年一六の息子の息はすでになかった。

「後を継いでくれる思うて楽しみにしていたんや。もう仕事する張り合いもない」

憔悴しきった竹次郎を大勢の人々が気遣った。「これは、わいがやってる芝居の仕

事への支持なんやなあ」。温情が心に沁み、竹次郎は再起した。

その後の竹次郎は、帝劇とも提携して存分に腕を揮《ふる》った。劇界をリードできたのは、俳優のプール制が効果を発揮したからである。所有劇場の拡大に伴い、兄弟は「もっと合理化するには、役者はんを囲い込んで融通し合うこっちゃ」と、明治四五（一九一二）年から市川左團次と市川八百蔵を、大正四年には歌右衛門、仁左衛門、羽左衛門、段四郎、歌六、沢村源之助、中村芝鶴、片岡市蔵など、主な俳優をほとんど松竹傘下に入れた。

大正初期になると低額の大衆演劇や映画が興隆し、各地の盛り場には多くの人があふれた。「大衆娯楽の本場は、東京では浅草や」と確信した竹次郎は、活動写真館（映画館）が軒を並べる六区に三〇〇〇人を収容できる低料金の歌舞伎劇場を開設した。これが大評判となり、浅草での第一歩も確実なものとなった。

当時、人々の人気を呼び、大衆娯楽の王座を占めつつあった活動写真（映画）。しかし邦画は、女の役は女形が演じているし、レベルも低い。

「わしらの長年の芝居の経験が生かせるんやないか」

「やる以上は、う〜んとええもんにしたいなァ」

松次郎は、無類の活動ファンだった二三歳の息子白井信太郎に欧米映画視察を命じた。その報告で活動写真の芸術的使命や産業的価値を確信した二人は、大正九（一九二〇）年二月、「松竹キネマ合名社」を設立した。

だが、社内には〝人材〟がいない。進歩的な専門知識を持った小山内《おさない》薫《かおる》などブレーンを集めた。同年六月に東京府荏原郡（現・東京都大田区）にオープンした蒲田撮影所にキネマ俳優学校を設けて、専門の映画俳優も養成した。

しかし、映画事業は戸惑うことばかりであった。芝居は劇場ごとに日数を決めて興行すればいいが、映画は一日も休むわけにいかない。カネもかかった。アメリカからカメラマンや撮影監督を招来し、機械・設備も最高のものを購入したが、結局使いこなせず、大金をドブに捨てるようだった。それでも現場はみんな若く意欲的で、活気と希望が満ちあふれていた。

「これからの娯楽は、こないなふうに作られるんやなァ」

そう実感した竹次郎は、若いスタッフや俳優を積極的に登用した。とくに、二八歳で「松竹キネマ」に入った東大出の城戸《きど》四郎は、大衆心理を把握・分析して清新なリアリズム映画を作り、松竹映画を見事な成功に導いた。

「映画は城戸に任せて大丈夫や」。竹次郎はようやく安堵した。

昭和六（一九三一）年に封切られたトーキー第一作「マダムと女房」は、音楽評論

富士山の背景でおなじみの松竹映画

家の堀内敬三が「日本でこれだけのトーキー映画が作れるとは！」と驚嘆した出来ばえだった。昭和二六年には、わが国最初のカラー劇映画「カルメン故郷に帰る」を特別公開、カラー映画も松竹が先鞭をつけた。

東西の劇界を制覇した兄弟は、新しく登場した映画製作配給興行の世界でも、短い年月の間に実権を握り、演劇と映画を社業の両輪に据えた。

歌舞伎座を三度焼失 底力で復興をなしとげる

映画の普及と人気で隅に追いやられがちだったとはいえ、兄弟は自分たちの原点である芝居を片時も忘れたことはなかった。日本の伝統芸能を内外に誇示し、社会的地位を高めるために、皇族や外国の駐日大使などを歌舞伎座に招いて鑑賞の便を図った。

しかし、歌舞伎座が三回も焼失したのは、大きな試練だった。

最初は、大正一〇（一九二一）年一〇月末。

「旦那ッ、歌舞伎座が火事です！」

社員の知らせで駆けつけたが、アッという間に焼失してしまった。原因は漏電だった。万難を排して再建を始めたが、今度は大正一二年九月の関東大震災で烏有《うゆう》に帰した。損害を工事請負の大林組と折半し、再々建を果たしたのは同年の暮れであった。

三度目は、太平洋戦争中の昭和二〇年五月、空襲で焼け落ちた。

歌舞伎座は竹次郎にとって最大のよりどころだ。

「増資で建設資金をまかのうてでも復興したい」

強く主張したが、重役たちは賛成しない。やむなく、歌舞伎座を株式会社として独立させ、一般から資金を募集した。昭和二六年一月、鉄骨鉄筋で外観は桃山風の日本式、観客席二六〇〇の現在の歌舞伎座が完成、本願は成就した。

焼失のたびに歌舞伎座復興を果たしたのは、芝居への一途な執念だった。

*

母・しもが七五歳でこの世を去ったのは、昭和六（一九三一）年五月。松次郎と竹

演劇・映画界の合理化、近代化を推進した
白井松次郎（右）、大谷竹次郎兄弟

次郎は子どものように大声で泣き崩れた。二四歳で父を亡くした後、兄弟が多くの仕事をしてこられたのも、常に母が温かく見守ってくれたからだ。どんなに夜遅くなっても、いつも起きて二人を待っていて「今日はどないやった？」と様子を尋ねてくれた母。松竹のどこの劇場へ行っても「うちはお客ではあらしまへん」と、決して座布団を敷かず、常に謙虚で慎ましやかだった。

昭和一二年四月、「松竹キネマ」と「松竹興行」を合併して「松竹」を創立、会長に松次郎、社長に竹次郎が就任したが、間もなく、暗い戦争の時代に入る。第二次世界大戦中は、上演時間の短縮、入場料や狂言の制限に加え、物資不足もあって、舞台の灯はかろうじてともっていた状態だった。

が、より厳しかったのは、「日本の民主化を妨げる」とGHQ（連合国軍総司令部）が歌舞伎の上演を制約した戦後である。

その苦しい道をようやく通り抜けた昭和二六年一月、松次郎が一〇カ月に及ぶ闘病生活の末、七四歳であの世へ旅立った。

「さぞ、芝居の将来が気がかりやったやろなァ」

一九の時から一緒に仕事をし、まったくの一心同体だった竹次郎は心臓を刺される思いだった。松竹が立派になればなるほど、亡き母や兄を思った。

昭和三〇年、文化勲章を受章した竹次郎は、兄弟が大切に保存してきた台本や映画のシナリオをもとに、演劇や映画専門の「松竹大谷《おおたに》図書館」を設立した。勲章の副賞を社会的貢献に生かしたのは「名優の芸はその瞬間に消えてしまうもんやから」と考えたからだった。

昭和四四年七月下旬、歌舞伎座に姿を見せたのを最後に、竹次郎も病の床につき、同年一二月二七日、九二歳の生涯を閉じた。

少年時代にふと知った歌舞伎の魅力に取り付かれ、人生の大半を芝居の近代化と振興に捧げた双子の兄弟。日本で初めての興行界経営者の一生は、観客中心に徹し、また、役者も大事にする真実一路の道であった。

建設請負業に科学的合理性や近代技術を導入
おしどり経営で世界トップに躍り出る

鹿島《かじま》守之助《もりのすけ》・卯女《うめ》【鹿島建設／中興の祖】

天保一一（一八四〇）年創業、一七〇年近い歴史を有し、今や資本金八一四億円余、年間売上高一兆七〇〇〇億円近くを誇る「鹿島」。昭和初期、同族会社の同社にとって大きな悩みは、鹿島家が「女系」であることだった。婿取り作戦で白羽の矢が立ったのは、青年外交官の永富守之助。妻・卯女との絶妙なおしどり経営で、同社を大躍進させた。

東京帝大卒のエリート外交官に奇縁を感じ取った鹿島家当主

大正一一（一九二二）年の初夏、駐ドイツ日本大使館に赴任するためニューヨークから船に乗った永富守之助が、デッキで遠くなっていく自由の女神像を眺めていると肩をたたかれた。「永富さんですね」。振り返ると、出発前に総領事館で聞いていた鹿島組（現・鹿島）の鹿島精一組長と永淵清介理事だった。

乗客で日本人は三人だけ。すぐに打ち解けて半月余りを船で楽しく過ごし、その後、ベルリンで市内案内もしたが、外国で日本人の世話をするのは外交官の仕事の一環。守之助にとっては、かりそめの出会いにすぎなかった。しかし、精一は違った。長身で端正なルックス、洗練された立ち居振る舞いの永富青年に強く惹かれ、なぜか深い縁を予感した。

＊

守之助は、明治二九（一八九六）年二月、兵庫県揖保《いぼ》郡に生まれた。生家の永富家は二〇〇〇余坪の宅地に母屋だけで二〇〇坪もある旧家だったが、父は品行方正な人

守之助生家・永富家（現存、国指定重要文化財）

格者、母も朝早くから夜遅くまでよく働く家庭だった。

ただ、守之助には一つだけ不満があった。長男はすべてが特別扱いされるのに、いずれ分家する四男の自分は贅沢《ぜいたく》のくせがつかないよう躾《しつけ》られるという差別待遇である。四、五歳の時、「お母さん、この世で最も幸せなのは何か知っていますか。それはね、生まれなかったことなんですよ」とギリシャの悲劇詩人ソフォクレスを気取ったほどだ。とはいえ、裕福な家庭で何不自由なく育ち、学生時代は、国内外の小説や哲学書を読みふけった。

東京帝国大学（現・東京大学）法学部を卒業、外交官か文学者か職業選択に迷い、たまたま易者に見てもらうと「相場師か外交官になったら成功する」という。八卦《はっけ》は当たって、外務省に入ると、エリート街道を突き進んだ。

一方、鹿島精一の長女・卯女《うめ》は、子どもの頃から父に連れられて工事現場を回っていた。東京帝国大学土木学科を優秀な成績で卒業、鉄道院の技師を務めた後、鹿島入りした父は婿養子だったが、やはり男児が生まれない。鹿島家長女としての責任を自覚せざるを得なかった卯女は、若くして鹿島組の経営に参加していた。また、旺盛な読書に加え、日本画や洋画にも才がある、教養豊かな女性でもあった。

学生時代に社会主義の知識をかなり得ていた守之助は、ベルリンの日本大使館に赴任するとドイツやヨーロッパの共産主義・社会主義者の動静を大使や本国に報告した。新聞や文献にも丁寧に目を通していた守之助がとくに関心を持ったのが「汎《ぱん》ヨーロッパ論」、つまり、欧州統合論だった。

ヨーロッパは一つにまとまってこそ、経済的にはアメリカ、政治的にはソ連に対抗でき、平和を確保できる――政治学者のクーデンホーフ・カレルギーが説いたこの考えに共感した守之助の中で「パン・アジア論」が生まれた。そして、東京日日新聞（現・毎日新聞）に寄稿した評論「新貴族論」は、永富守之助の名を一挙に有名にした。

ドイツに三年余り駐在して大正一四（一九二五）年七月に帰国した守之助が本省で外交文書の整理・研究に取り組んでいると、ある日「海外旅行中にお世話になったお礼に」と、突然、鹿島組の永淵が訪ねてきた。

その後もしばしばやってくる。目的は鹿島卯女との縁談だった。

「鹿島家は娘が二人で跡取りがいないので嫁にやるわけにはいかない。婿になってほしい」

予想もしなかった話に守之助は抵抗した。

「私は〝パン・アジア論〟実現のために、将来政治家になりたいのです。その時は、政治資金を出していただけますか」

縁談に応じるというより、むしろまとまらなくするための方便・無理難題のはずだった。しかし、永淵はまったく動じない。のらりくらりと返事を引き延ばしていた守之助も、とりあえずのつもりで見合いをすることにした。

ところが、会った途端、養子も条件もどうでもよくなった。一目惚れである。

卯女は単なる〝大家の令嬢〟ではなかった。大局的に物事を把握し判断できる大人の女性だった。守之助が読んだ本は、卯女もほとんど読んでいるという読書量にも驚いた。卯女もまた、守之助の著書『欧州の現勢とその将来』などを読んで強く惹かれ、「夫にするならこの人！」と固く信じていた。

守之助三二歳、卯女二五歳。帝国ホテルで映画俳優並みの華麗な結婚式を挙げると、新たな任地・ローマに向かって出発した。インド洋経由の船旅が二人の新婚旅行でもあった。ローマでの新婚生活は充実したものだった。二人で一緒に本を読み、数多くの古跡を訪ねた。どこへ行くにも、何をするにも二人一緒だった。

政界転身を図るが選挙に落選
政治研究の時期を経て経営の世界へ

政界入りを目指していた守之助のもとに「議会解散間近。出馬のため帰国されたし」と電報が届いたのは昭和四（一九二九）年の暮れである。直ちに帰国の途につき、神戸港に着いてみると、出馬する守之助を大歓迎団が待ち受けていた。

しかし、選挙結果は大惨敗。クリーンな理想選挙で臨み、演説のテーマが「パン・アジア論」では有権者に受けるはずもなかった。守之助にとっては人生初の大きな挫折だったから、その落胆ぶりは大変なものだった。数年間も郊外の別荘に引きこもり、すべてを忘れて、ライフワークである外交史と国際政治の研究に取り組んだ。

この時執筆したのが、約一〇年前の本省勤務時代に外交文書を研究した成果をまとめた『日本外交政策の史的考察』『ビスマルクの外交政策』などである。なかでも昭和九年一〇月に著した『世界大戦原因の研究』は学界・政界で高く評価され、母校・東大から法学博士の学位が授与された。

もう一つ大きな喜びがあった。落選から半年後、卯女が玉のような男子を産んだのだ。六六年ぶりの直系男子・昭一の誕生に鹿島家も社員も歓喜した。

鹿島守之助の外交・国際政治評論は冴え渡り、このままジャーナリストとしての道を歩むかに見えた。しかし、当時の鹿島組は、昭和五（一九三〇）年に株式会社に改組したとはいえ、昭和九年に完成した丹那トンネル（東海道本線の熱海～函南《かんなみ》間。全長七八〇四メートル）が一六年の歳月を要した難工事であったことに加え、昭和恐慌や産業合理化政策の余波で経営は苦境に陥っていた。

「ライフワークとはいえ、研究は私の道楽にすぎない」

守之助のそんな思いに呼応するように、義父の精一社長からも要請があり、外交・学究の世界から経営者に転じた守之助は、昭和一〇年四月に取締役、翌年副社長、昭和一三年七月には社長に就任した。

企業経営にはまったくの素人だった守之助は、経営不振の原因を数字から探ってみようとした。しかし、当時の建設請負業は駆け引きや勘で運営され、キチンとした財務データもない。内外の本を読破して経営を学んでみると、そこに説かれていたのは科学的管理法、予算統制の重要さだった。さっそく専門の学者を顧問に迎え、商大出身者を採用して実践してみると、工事の途中でも損益がわかる。

「次はマーケット・リサーチの強化だ」。工事の受注方針を、時代の情勢に応じて、それまでの鉄道偏重から将来性のある建築、電力、鉱山部門などへ大きく転換した。

経営に携わる前から「鹿島には人材活用が欠けている。人をつくらぬ事業は滅ぶ」と感じていた守之助は、他社からのスカウトや新人の大量採用によって昭和一〇年からの六年間で社員を一二三八人も増員した。それだけではない。人材に重点を置いた「事業成功の秘訣二〇カ条」を作成して社員に配った。

守之助が経営改革に乗り出してからほぼ六年間で、従業員数は五・三倍に、施工高は五〇〇万円から六〇〇〇万円と一二倍に、受注高は一〇〇〇万円から一億九〇〇〇万円と一九倍に急増、生産性は二・三倍へと飛躍し、経営は一気に回復した。

米軍相手に要求貫徹 ジョイント・ベンチャー方式に先鞭

第二次大戦で全土が焼土と化した日本は、戦後、建設業界にとって無限の需要があった。とくに大きなウェートを占めたのは進駐軍工事である。ところが、米軍第一線の監督官は施工方法に固執したり、赤字工事を押し付けたり、補償なしで中途解約する

厚木基地の工事（写真）で守之助はGHQを相手にクレームをつけ、要求を通した

など、勝手三昧だった。

多くの業者は泣き寝入りしたが、守之助は違った。「砂利が指定した産地のものでないじゃないか」と工事のやり直しを命じられた時、敢然と米軍に対抗した。「アメリカにはクレーム制度というのがある。正当な訴えにはキチンと対応してくれるはずだ」と、鹿島に生じた損失の補償と、工事やり直しの撤回をGHQに訴え、ついに要求を承認させた。

もう一つ、業界に大きく貢献したのはジョイント・ベンチャー方式を生み出したことだ。「鹿島サン、沖縄ノ工事モヤッテモラエマセンカ」

昭和二四（一九四九）年の秋、米軍から要請があったが、占領地になった沖縄の米軍基地建設工事は、国内の米軍基地より条件が厳しく、トラブル多発も懸念されるのに、日本政府の統治は及ばず、リスクが大きい。

「どうすべきか……」

打開策を模索していた守之助は、はたと膝をたたいた。

「そうだ！　アメリカでボルダー・ダム建設の際、仕事があまりにも大きくて六社で難工事にあたったことがあった。あのジョイント・ベンチャー方式でやればいい！」

守之助はボルダーにも参加した米最大の建設会社と大林組、竹中工務店に働きかけ、日米合同四社で工事を担当した。結果は上々で、工期は短く、コストも安い。この成功を契機に「大きな工事はジョイント・ベンチャー方式で」という認識が芽生え、日本そして世界各国で急速に普及していった。

守之助の政界転身で卯女が社長に超高層の先駆「霞が関ビル」を完成

昭和二二（一九四七）年一二月に「鹿島建設」と社名改称した同社は、守之助の先見性と積極的な経営姿勢によって、成長を続けた。なかでも戦後「鹿島」に大きな発展をもたらしたのは、建設技術の高度化である。「建設業も近代技術を開発・導入し

昭和24（1949）年に設立された技術研究所

なくては近代化できない」と、昭和二四年、業界初の技術研究所を設立、さらに鹿島製作所を創設して施工も機械化していった。その結果、施工能力の増強、品質改善、工期の遵守などが実現、名実共に一流の建設会社に変貌したのである。

守之助に再び国会議員への誘いがかかったのはそんな時だ。昭和二八年四月の参議院選挙に全国区から立候補した結果、四三万二〇〇〇票余りを獲得して当選、昔からの夢がようやく実現した。

昭和三二年四月には北海道開発庁長官に就任、国務に専念するために二〇余の社会的ポストからすべて退いたばかりか、長官在任中は北海道における鹿島建設の公共工事入札を一切禁じる公明正大さを貫いた。

「会社の方は君に任せるよ」。昭和三二年五月、守之助は卯女に社長を引き継いだ。結婚後卯女は鹿島家の長女として、守之助よりも長く鹿島という会社を見てきた。結婚後は守之助と一心同体となって社業に当たり、自らの内助の功はもちろん、昭和一五年から四年間は監査役、昭和二二年から三二年までの一〇年間は取締役として同社経営陣の中枢にあった。建設業界のみならず、大企業の社長に女性が就くのは極めて稀だが、卯女の場合はそれだけではない。卯女の社長時代、鹿島建設は黄金時代を迎えるのである。

社長の椅子を妻の卯女に譲った守之助は、政治家の仕事を遂行しながらも、会長として卯女の社長業を温かく見守り、協力を惜しまなかった。

卯女が社長に就いた昭和三〇年代前半になると、ビル建設ブームが起きた。それまでの鹿島建設は、日本初のアーチ・ダム「上椎葉ダム」（宮崎県）や発電所、高速道路、工業地帯の工場など、数々の大型工事・インフラ整備を担ってきたが、建築分野へ大きく舵を切った。

守之助・卯女の功績で特筆すべきは「霞が関ビル」の建設である。

「日本にも超高層ビルの時代が来る」

そう予見した守之助は、海外視察団の派遣、超高層委員会の設置、技術研究陣の増強、コンピュータの導入等、早くから布石を打ち、昭和三八年には東大の武藤清教授を副社長に迎えた。地震の多い日本では、高度な耐震技術が必要とされるが、鹿島建設では専門知識の吸収、膨大な実験・研究を重ねて、「柔構造」という新工法を生み

昭和43（1968）年に完成した霞が関ビル。日本の超高層ビル時代の先駆けとなった

出した。

こうしてわずか三年の工期で昭和四三（一九六八）年四月に完成したのが、地下三階、地上三六階、高さ一四六メートルの「霞が関ビル」である。わが国の超高層ビル時代の扉を開くものであった。

昭和三五年度に業界トップに立った鹿島建設は、以後、受注高・完工高においておおむね首位に立ち続けた。国内だけではない。昭和三八年には年間受注高が一三六八億円となり、世界第一位となった。

同族会社は株式公開に二の足を踏む。経営状態が世間の厳しい目にさらされることに加え、経営権を他の大資本に侵奪される恐れがあるからだ。

「鹿島もついにトップ企業になったな。もう私たちだけのものではないよ」

守之助と卯女は大英断を下し、昭和三六年一〇月、東京、大阪両証券取引所に株式を上場した。これにより、資金調達が簡単にできるようになり、七回の増資で約四〇〇億円もの一般資金を確保したが、一番のメリットは、社格が株価で評価され、社会的な信用を得たことだった。

守之助・卯女による〝おしどり経営〟

大企業、それも建設会社という男社会の社長でありながら、卯女はいわゆる〝女傑〟ではなかった。和服を身に着け、常にやさしくにこやかに他人に対し、会社の内外に細やかに目を配った。会社の幹部社員の家族にまで気を配り、一人ひとりの名前や顔を覚えていて、会うと一声かけて皆を感激させた。

守之助と結婚してからずっと、夫を立て、自分は一歩ひいたところにいたが、その存在は大きなものであった。守之助が社員をどなりつけた後はいつも「気を落とさないでね。仕事を大事に思えばこそなのですから」とフォローして、夫と部下との橋渡し役に徹した。酒飲み、喧嘩等で荒々しくなりがちなダム建設現場も、鹿島のそれは和気あいあいとしていた。卯女がどんな山奥でも常に守之助に同行し、周囲と溶け合って温かい雰囲気をかもし出したからだ。

一方、守之助の著作は卯女が最初に原稿に目を通し、的確かつ率直な意見・感想を述べた。

「私の今日あるのは、君のおかげだ」。守之助のその思いは、著書『続わが経営を語る』（昭和四二年刊）の扉に「本書を鹿島建設前社長わが妻鹿島卯女に捧ぐ　偉大なる内助の功に深謝しつつ」と献辞をしたためたことにも表れている。

守之助と卯女は、共に多面的な顔を持つ「文化人経営者」でもあった。

守之助は三つの〝顔〟を持っていた。第一は、外交史、国際問題の分野で独自の業績を残した「学者」で、著書八五冊、訳書五七冊、計一四二冊もの著作がある。昭和三四（一九五九）年には学界最高の栄誉である日本学士院賞を受け、昭和四八年には文化功労者として顕彰された。第二の顔は「経営者」。義理人情や因習に支配され、「土建屋」と呼ばれていた建設請負業に科学的管理と近代技術を導入して、名実共に産業界の一角を占める「建設業」に体質改善した。第三の顔は「政治家」である。

そのどれもが最高レベルという超人的な活躍ぶりであったが、それは、経営者としての経験を政治活動に生かし、学者の眼で経営を観察・分析するなど、相互に影響・刺激し合ったからにほかならない。

卯女も教養と文化の香り高い女性経営者だった。外交官・守之助と共にローマに滞在していた新婚時代の三年間に本場で鑑賞眼を養い、ルノアール、ルドン、ルオーなどの「名画コレクター」になった。また、現地で習得した語学力で『永遠の都ローマ』『イタリア千夜一夜』などを翻訳。これらの活動が「イタリア芸術の振興に貢献した」と評価されて、昭和四〇年にイタリア政府から有功勲章を贈られ、日記や旅行記などをまとめた随筆『道はるか』もベストセラーになった。

*

守之助は昭和五〇（一九七五）年一二月三日、七九歳で死去した。その三年後、東京駅前に開店した「八重洲ブックセンター」は、「どんな本でもすぐ手に入る書店が欲しい」と願っていた守之助の遺志に応えて実現したものだ。在庫一〇〇万冊と、全国で出版されたほとんどの書籍を揃えた同店オープンのテープカットを務めたのは卯女だった。その卯女も、昭和五七年三月三一日、七八歳で惜しまれつつ世を去った。公私両面にわたって絶妙かつ稀有なコンビだった守之助と卯女は、彼《あ》の世でも仲睦まじく過ごしているに違いない。

「問題は能力の限界ではなく、執念の欠如である」

石川島播磨重工業、東芝／元社長　土光敏夫《どこうとしお》

土光敏夫と聞くと、多くの人は昭和五七（一九八二）年の夏にＮＨＫが放映した『八五歳の執念・行革の顔』を思い出すに違いない。行政改革に情熱を注ぎ、夕食のおかずはメザシ、家では古びたネクタイがベルト代わり。経団連会長まで務めた財界人・土光の質素な生活に人々は驚いた。

土光ほど「執念」「一徹」という言葉が似つかわしい人はいない。土光に大きな影響を与えたのは気丈夫な母・登美である。

土光は明治二九（一八九六）年に岡山県の農家の次男として生まれた。教育熱心な両親は、子どもたちの学資を捻出するためにわずかな田畑を切り売りした。そんな親の手伝いを勉強より優先させた土光は、旧制中学の受験に三度、旧制高専の受験にも一度落ち、東京高等工業（現・東京工業大学）機械科を卒業して東京石川島造船所（後の石川島重工業、現・ＩＨＩ）に入社したのは人より遅い二三歳の時だった。

母は小学校しか出ていなかったが、生涯、政治や世の中の動向に関心を持ち、

向学心・読書欲に燃えていた。その母が七〇歳を過ぎてから「学校を建てる！」と宣言した。戦時色が強まった日本に強い危機感を覚えたのである。「無謀です」と家族全員が反対しても「子どもを最初に教育するのは母親です。国を救うには性根のしっかりした女子を育てなくてはならないのです」と、決して引かない。「私の葬式に香典をくださるつもりなら、今ください」と早朝から資金集めに奔走し、土地の買収交渉では値切りまくり、太平洋戦争のさなかにわずか半年で「橘女学校」（現・橘学苑）を創設してしまった。しかし、開校二年で病死、土光は母の遺志を継いで理事長に就任した。当時就いていた石川島芝浦タービン社長という激務をこなしながら、またその後に日本財界の指導的立場にあってからも、年収のほとんどを同校に寄付して、学校経営に尽力した。

土光は元々はエンジニアで、「財界の荒法師」と呼ばれた強烈な個性の経営者だった。いい加減な仕事ぶりには雷を落としたことから「怒号さん」との異名を取ったほどだ。

「人はみな個性を持っている。一元的な尺度で測ってはならない」

「教育とは教えることではなく育てることだ」

教育者・土光は、その信条を経営の場にも適用し、「早期・重課・鍛錬主義」

で部下を厳しく鍛えた。社員に若いうちから高度な仕事を与え、徹底して部下をしごいた。

「個人の能力には大きな差はない。あるのは根性と持続力の差だ。努力を重ね、苦労を積んでこそ、人間形成もなされる」

土光はそのことを率先垂範してみせた。業績低迷の石川島重工業（現・IHI）と東京芝浦電気（現・東芝）を再建するため、土光は、昭和二五年と四〇年、それぞれの社長に就任した。補助金や融資を求めて日参した通産省や銀行で、大声を出して担当者を追い掛け回し、また、相手の分まで弁当を持っていって「朝までも待つ！」と粘った。そんな土光の執念と徹底した合理化が功を奏し、会社は予想外に早く立ち直った。

新しい仕事や大きな目標を示されると、「できない、無理、難しい」と拒否反応を起こし、その理由をクダクダ述べる人がいる。しかし、成功に必要なのは、「どうすれば達成できるか」を考える前向きの態度と執念である。

雑草は、どんなに踏まれても抜かれても生えてくる。土光はそのたくましさが好きだったという。

V

昭和の独創

企業家魂を忘れず、転機を勝機に
日用品のトップメーカーを一代で築き上げる

高《たか》原《はら》慶《けい》一《いち》朗《ろう》【ユニ・チャーム／会長】

社員二〇数名でスタートした地方企業を、生理用ナプキンや紙オムツなど日用品のトップメーカー、ユニ・チャームへと一代で育て上げた高原慶一朗。〝創業経営者〟への夢を抱いたのは小学生の頃。躍進の源は、常に現場に身を置き、問題と向き合うことで自らを磨き続けたことにある。大量のノートには会社の〝器〟を大きくしてきた挑戦の軌跡が刻まれている。

アメリカ視察で生理用ナプキンと運命的な出会い

昭和37（1962）年、米国視察へ向けて四国を発つ高原

日本ではスーパーの登場はまだこれからという昭和三七（一九六二）年、日本生産性本部の「中小企業新製品開発専門視察団」に参加して渡米した高原慶一朗は、初めて見た「大型スーパーマーケット」の光景に仰天した。広く明るい店内にあらゆる商品が山と積まれ、客は棚から自由に手に取ってショッピングカートにポンポン入れていく。

高原がとくに注目したのは生理用ナプキンである。女性客は洗剤でも買うように、商品を確認すると無造作にカートに放り込んでいる。日本でも市場に登場してはいたが、「女性の生理は不浄なもの、隠すべきもの」とされ、女性たちは薬局で人目をはばかりながら買っていた〝日陰の商品〟だった。

想像もしなかったようなその売り方にカルチャーショックを受けた高原に、ひらめきが走った。

「俺がやるべき事業はこれや！」

両親の薫陶、将来の目標は「経営者」独立の決心秘め猛烈サラリーマンに

磯の香りと陽光に満ち、古くから〝紙〟を地場産業として栄えてきた愛媛県川之江市（現・四国中央市）。香川県との境に近いこの町で、昭和六（一九三一）年三月、高原は生まれ、恵まれた環境・家庭でのびのびと育った。

父は「国光製紙」という製紙会社を経営し、「仕事」「人」「地元」の三つに惚れ抜いて、地元の発展にも尽力した。

「お父さんのようになりたい」。父は高原のあこがれ、目標であった。

一方、母は、優しい中にも厳格さを備えていた。小学生の時、「優等賞をもらったよ。三番だったんだよ！」と勇んで告げると「一番じゃないとダメじゃないの」と高

原の慢心をいさめた。イジメに遭って泣いて帰ると「『後《のち》にはみとれ』と言い返しなさい」と叱咤された。その後、独立したときも逆境に陥ったときも、高原は「後にはみとれ」という言葉を思い出しては、自らを鼓舞した。

故郷の風土と両親の薫陶は高原の人格形成に大きな影響を与え、企業家・高原慶一朗の原点となった。

「経営者になりたい」——それが、物心ついた頃からの夢であった。

大阪市立大学を卒業すると、四～五年、二社でサラリーマンをした。いずれも中堅クラスの紙業会社だ。「三〇歳になったら独立しよう」と固く決めていたから、大企業で組織の歯車になる気も、父の会社でぬくぬくとする気もなかった。全体が見える会社で製造、販売、マネジメントと、さまざまなことを経験したかった。

最初に勤めた大阪の「関西紙業」での配属先は原材料係。古新聞、段ボールなど価格変動が大きな古紙買付けの担当である。高原は一年三六五日、一日も休まず、猛烈に働いた。夜勤も休日出勤も自ら買って出た。「一日はどうして二四時間なんだ。もっと長ければもっと働けるのに」と痛切に思った。

「ええカッコしやがって」。そんなやっかみの声も耳に入ってきたが、ただただ仕事が好きだっただけだ。

わからないことは誰彼かまわずつかまえて訊く「質問魔」でもあったから、生きた知識がどんどん増えた。また、工場に泊まり込んで現場の人たちと一緒に仕事をしたことで、現場の大切さと人間関係の機微も学んだ。これらの経験は、後の高原の経営哲学ともいうべき「理屈より現場」の土台となった。

希望して営業に異動すると、「人の四倍売る」、しかも「一切値引きはしない」を自らに課した。早朝から深夜まで外回りをしても、疲れるどころか楽しくてしょうがない。〝目標〟は半年でクリアした。

そんな高原を見込んだ社長から養子話まであった。中堅クラスとはいえ、父の会社の数十倍の会社。その社長の椅子が約束されている。しかし、昔から追い続けている「創業経営者への夢」を捨てるわけにはいかなかった。

二九歳で独立起業
トップメーカーになるも満たされず……

それから間もなく、「クラフト紙を生産する工場の責任者に」と請われて、四年間勤めた「関西紙業」を辞め、地元・川之江に工場進出した「城山製紙」に移った。

ここでの大きな思い出は「中性紙開発」と「結婚」である。

中性紙の研究に一緒に取り組んだ、有能な技術者は後に会社を興すとき、役員に迎えた。

中学時代の先生の取り持ちで結婚した七つ年下の富美子は、快活で清楚、おとなしい中にも芯の強さがあった。

「この人なら、私の欠点をカバーし、サポートしてくれる」

第一印象通り、以来、富美子はずっと完璧なパートナーとなった。

＊

三年間の「城山」時代の後、一時期父の会社の常務を務めたが、昭和三六（一九六一）年二月、二九歳で郷里・川之江市に、資本金三〇〇万円で防火建材の製造・販売会社「大成化工」を設立・創業した。本願成就である。

資金のほとんどは友人・知人に株式を引き受けてもらうなどして自力で集めた。社名は「大きな成長と成功」への期待を込めたものだ。

会社の最も重要な経営資源は「人」である。二八名の社員は、高原自身がスカウトし、口説き落とした専門家、逸材揃いだった。

経営者になったとはいえ、零細企業の社長である。高原は社員の先頭に立って、五

建材メーカーとして創業した「大成化工」の工場。屋根の上に
「チャームナプキン」の看板が見える（昭和40年頃）

○キロものセメント袋を担ぎ、大型トラックを運転し、鼻、耳、爪にたまる木クズやセメント粉をもモノともせず働いた。

「日本一のメーカーになってみせる！」

その想いは現実のものとなった。しかし、高原の心はなぜか満たされない。中間商品で下請け的な建材は、自社ブランドを持つことも価格を主導することも困難だった。それに市場規模も小さい。

高原が思い描いていた〝起業〟とは、「社会や消費者が欲している新しい商品やサービス、あるいは改良を迫るもの、しかも、潜在需要が大きいものを探し、提供すること」であったが、建材はそうではなかった。

「自分の情熱や人生を賭けるものはもっとほかにあるはず」

「消費者が直接購入する最終商品を作り、日本一になりたい」

そんな焦りにも近い渇望感を募らせていた頃出会ったのが、生理用ナプキンだった。

〝敵〟の現場を見学、手ごたえを確信
試行錯誤の連続で商品改良、販路開拓

アメリカで〝サンプル〟をしこたま買い込んで帰国した高原は、「これから生理用品を手がけるぞ」と社員に告げた。

「こんなものを売るんですか？　恥ずかしい」

尻込みする社員に「売る方より買う側はもっと恥ずかしいはず。それに、女性には必需品だから、必ず売れる」と熱く説いた。意気込んで生理用品の研究とマーケットリサーチに着手したものの、すべては手探りの状態である。

日本における生理用ナプキンの先駆者は「アンネ」。昔から使われてきた脱脂綿等に替わるものとして、「四〇年間お待たせしました」のキャッチフレーズのもと、二年前に紙でできた使い捨てのナプキンの発売を開始し、シェアは九〇パーセントと、市場で独占的立場にあった。

逸《はや》る高原は大胆な手段に出た。アンネに「工場を見せてほしい」と申し入れたのである。同業者になろうとする者に企業秘密を公開するはずもない。しかし、何度門前払いされてもあきらめず、ついに知人のコネで〝敵〟の生産現場を見ることができた。

豊富な資金、最新の設備……。自社との差に圧倒されたが、よくよく見ると、製品自体はさほど優れたものではない。製造、マネジメント両面で、アンネの企業体質に効率の悪さや冗費も感じられた。

「これだけの機械を使えば、コストも商品価格ももっと下げられるはずなのに……」

「これなら勝算がある！」。高原は確信した。

生理用ナプキンは高原が馴染んできた紙関連の事業であるから、商品知識やノウハウの蓄積はあった。それに、大学の卒業論文は「我が国の紙パルプ産業の実証的研究」。学生時代から「記録する」「包む」「拭く」という紙の三つの機能のうち、ビジネス面で未開拓の「拭く」機能の将来性に最も着目してもいた。

「まず、いい商品を作ろう」

初期のナプキンは、薄い吸収紙を重ねてプレス機で打ち抜き、その切り口を密着させていたが、すぐに紙がバラけて吸水力が落ち、モレが発生した。

生理用品の要件は「漏れない、ズレない、ムレない」である。しかし、それを実現する技術は簡単ではなかった。試行錯誤を重ねてようやく、吸水紙を被覆材でくるむ方法でモレを防止した。

米国視察の翌昭和三八（一九六三）年、製造販売を開始して、生理用ナプキン市場に参入したが、ここで痛感したのは、〝作る〟より〝売る〟方が数倍大変ということだった。

全国三万店の薬局・薬店系ルートは「アンネ」ががっちり押さえていて入り込む隙間もない。やむなくスーパーや雑貨・紙系の問屋に販路を求め、全国で〝飛び込みセールス〟を続けた。すぐに取引してくれるところなどほとんどなく、心身ともにぐったり疲れたが、それでも、高原には「きっと大丈夫」という自信があった。

そもそも、生理用品に注目したのは、お客の恥ずかしさ、買いにくさを解消するために、その売り方を変えたいということだった。

「これからは日本でもスーパーなど量販店が流通の中心になる」

その予想通り、一九六〇年代にスーパーマーケットが急速に拡大、まったく新しいかつ大型の流通ルートに乗って、一年後の昭和三九年には早くも生理用品の売上は一億九〇〇〇万円を記録して建材部門（一億四〇〇〇万円）を上回った。

「女性が強いられている不快感から解放したい」

「もっとよいもの、もっと使いやすく、快適な製品を」

高原はさらに研究を続けた。

画期的なのは、紙の代わりに不織布を採用したことだ。これで吸収力は格段に向上し、この技術を活かした昭和四三（一九六八）年発売の「チャームナップさわやか」は、ソフトな使い心地と相まって、利用者の不快・不満を大きく軽減した。快適な商品の提供によって、同社はさらに快進撃を続け、わずか八年でアンネを抜き、業界トップに躍り出た。昭和四六（一九七一）年、高原四〇歳の時であった。

その後も新商品の開発は続く。

昭和五一（一九七六）年に発売した「チャームナップミニ」は、従来の三分の一の薄さだが、活動的で使用感もよく、しかも漏れないという優れもの。「漏れないためには厚さが必要」というそれまでの既成概念を崩した究極の薄型ナプキンだった。

立体裁断ナプキン、メッシュナプキン、立体サイドギャザーつきナプキン、立体クッション構造ナプキン……。同社の商品はどんどん進化した。

＊

昭和四九（一九七四）年、社名を「ユニ・チャーム」に変更した。「ユニ」は「Uni-versal（ユニバーサル）」「Unique（ユニーク）」「United（ユナイテッド）」の三つの意味を

ズレない機能をつけてヒットした「チャームナップAさわやか」（左）と、爆発的な売上を記録した薄型の「チャームナップミニ」

持ち、「世界的に通用するユニークな商品やサービスを提供する統合した会社でありたい」という思いを込めた。

二年後の昭和五一年には東京証券取引所第二部に上場、さらに昭和六〇（一九八五）年、第一部銘柄に指定されて、ユニ・チャームは堂々たる会社に成長した。

出る杭は伸ばす
企業の盛衰は経営者の器次第

高原は「できる人間は仕事が好きな人間」と言い切る。もちろん、仕事をやっていくうえで辛いこと・苦しいことは多い。しかし、寝食を忘れて没頭し、持続していれば、やがて楽しさや充実感に変わり、仕事が好きになる。仕事ほど自分を磨き、成長させるものはない。

人材育成・登用についても、〝優等生〟より〝はみ出し者〟に注目する。大勢の人を見てきて、思いがけないアイディアは〝はみ出し者〟から生まれることを経験的に知っているからだ。民主的な方法や多数決からは決してユニークなもの、優れた発想は生まれない。しかし、単純にはみ出し社員を優遇するわけではない。アイディアを生かすために、よく観察し、よく話を聞く。

同社でオムツを手掛けるようになったきっかけは、ある変わり者社員の訴えだった。当時、紙オムツ市場は、米国の日用品メーカー、P&G（プロクター・アンド・ギャンブル）の商品「パンパース」がシェアの九割を握っていて、新規参入の余地はまったくないように見えた。にもかかわらず、四国の開発部員が、周りが辟易するほどしつこく「ベビー用の紙オムツの開発をやらせてください」と訴え続け、あげくの果ては技術研究や市場リサーチまで勝手に始めているという。

そのことを耳にした高原は興味を持ち、四国に出向いて話を聞いた。

「紙オムツはまだまだ改良の余地がいっぱいあります」

「立体感のあるパンツ型のオムツで、赤ちゃんのお尻にフィットするものを作れば、絶対に先行商品に勝てるんです！」

社長を前にしても臆せず、確信に満ちて主張する件《くだん》の社員に、高原は昔の自分を見る思いがした。

「立体感のあるオムツか。面白い！」

テープで装着するとパンツ型になるオムツなら、赤ちゃんの足は動きやすいし、もれも減らせる。高原は周囲の反対を押し切ってゴーサインを出した。

昭和五六年に発売した「ムーニー」は、二年後には業界トップに成長、現在もベビー用オムツ市場の主流を占めている。そればかりか、日本が高齢化社会になるに伴い、大人用のオムツも発売、成長商品となって、同社を大きくしていったのである。

パンツ型のオムツ「ムーニー」

「企業は経営者の器以上に大きくならない」――高原が自戒の念を持って自らに投げかけている言葉だ。

「企業というのはそれを率いるトップ次第であり、経営者の人間性、能力、力量がその盛衰の鍵を握っている」

その言葉通り、資本金三〇〇万円の中小企業が大企業へ急成長したのは、まさに高原の経営力、経営者としての「器」によるものだろう。

「大切なことは頭でなく、手足で考えよ」「理屈ではなく、肌で感じろ」

高原はそう強調する。「世の中は理屈通りにはいかない。頭や情報にばかり頼っていては身動きがとれなくなる」と。

「経営の要諦は〝現場〟にこそある」と、一貫して〝現場重視〟も説く。

現場には、データや理論だけでは知ることができない情報が詰まっている。現場をよく見ていれば、情報の感度が鈍ることもない。現場重視とは、いつもお客さまに顔を向けて仕事をするということだ。次々に新商品を開発し、それがヒットしたのも「お客さまにとって不便なところはないか、それをどうやって技術で解決するか」、とことん追求し、差別化を図ってきたからである。

生理用品や紙オムツはユーザーの肌に直接触れるものである。しかも、紙オムツは、使う人と買う人が違うから、〝真の消費者〟の声を吸い上げにくい。だから、製品開発の際は、高原を含め、男性社員が紙オムツやナプキンを股間にはさんで使い心地を試したことも珍しくない。

社長室に座っているだけでは、耳に心地よい話、単なる報告しか入ってこない。だから、高原は努めて現場に足を運び、末端の社員とも言葉を交わしてきた。

アイディアは偶然の産物ではない！
書きためたノートは七〇〇冊以上

赤ちゃんからお年よりまで各世代に向けた日用品のトップメーカー、ユニ・チャームを一代で築き上げた高原慶一朗。今や年商約三〇〇〇億円以上、グループ社員六四〇〇名以上となり、その活動フィールドは日本にとどまらずアジアを中心に中東・欧州など世界へ広がっている。

商品そのものへの関心もさることながら、その流通・販売方法に注目した着眼点のユニークさと、意思決定や行動の並はずれた速さが、高原の成功の導火線になったのは確かだ。

高原のアイディアや経営判断の源泉は、創業以来一日も欠かさず続けているメモ。常に大学ノートを持参し、「これはいい！」と思った言葉ややり方、気づいたこと、ふと湧き出たアイディアなどを即メモする。部下の報告を聞くときも、熱心にメモをとる。部下が話し、経営トップがメモする――一般の会社と逆である。アイディアは、偶然の産物でも、天から降ってくるものでもない。常に問題意識を持ち、考え、観察

執務室にて。背後には長年メモし続けたノートがぎっしり並んでいる

力や洞察力を働かせてこそ、ある時、ふっとひらめく。七〇〇冊以上にもなったノートは、現場を刻んだ生きた情報であり、何度も読み返して活用し、自分を磨いてきた。

高原は「私は凡人です。傑出した才能もなければ、頭がそれほど鋭いわけでもありません」と言う。しかし、強い目標志向力、直感力、革新力、マーケットを見る力など、優れた多くの経営能力を持っている。仕事がとことん好きであり、最後の最後まであきらめない忍耐と努力も誰にも負けない。

高原の経営者としての器は、明確な目標を持ち、それに向かって不断の努力を積み重ね、他者から学び、自分を鍛え、磨き続けて大きくなってきたものだ。

コンピュータ制御の全自動横編み機を開発
一代で世界トップに上りつめた発明の天才

島《しま》正《まさ》博《ひろ》【島精機製作所／創業者】

コンピュータを駆使した自動制御のニット編み機で国内九割、世界で六割を超えるシェアを占める島精機製作所。このハイテク企業を一代で築き上げた島正博は子どもの頃からの機械好き。独特の創意工夫で「世界初」を連発した。「限りなき前進」を経営理念に今も可能性を追い続ける一方、魅力ある地域づくりを目指す。

高校時代にゴム入り手袋編み機を開発
二五歳で起業、倒産寸前に救いの神

島正博は昭和一二（一九三七）年和歌山市に生まれ、八歳で終戦を迎えた。建具製造と軍手づくりをしていた父は戦死、工場と自宅も空襲で全焼してしまった。母と妹と三人、なんとか生きていかなくてはならない。拾い集めたトタン板でバラック建ての家を作り、野菜を作って売った。

中学生になると、家の隣にあった機械修理工場でアルバイトを始めた。油にまみれてミシンや編み機の手入れをしているうちに機械に魅せられ、組み立てや調整まですするようになった。

「モノづくりって面白いなあ」。これが技術家・島正博の原点となった。

高校は県立和歌山工業高等学校機械科の定時制に入学、昼間はそのまま働き続けた。夕方、どこからともなくステーキやすき焼きの匂いが漂ってくる。「いつか腹いっぱい食べてやる」。その思いが実現するのに多くの年月は必要なかった。島の頭と腕がカネを生み出したからだ。

一八歳で「ゴム入り手袋編み機」を開発、初の特許を取った。当時の軍手は、指先の縫い合わせが出っ張っていて、そこを機械にかまれることが多かった。しかも、手首に向かって幅をすぼめてあるので抜けにくく、機械に巻き込まれて指を切断するという悲惨な事故が多発していた。「事故を防ぎたい」と、手首にゴムを編み込むようにしたのである。

「こんなに簡単に特許がとれるのなら毎日でもとってみせる！」

車のヘッドライトや方向指示器、保温機能のある弁当箱、緩みにくいボルト……。その後の六年間で取得した特許・実用新案は約三〇〇に上った。

「手を広げすぎると発明貧乏になるぞ。何かに特化しろ」。忠告してくれたのは高校の先生だった。

高校卒業後は正式に機械修理工場に就職したが、この頃には「発明少年・島正博」の名前は全国に知れ渡っていた。弱冠二〇歳の島を技術顧問として迎え、機械の研究開発を応援してくれたのは、当時、手袋編み機の製造・販売を手がけていた奈良の森精機製作所の社長である。

「顧問料は機械でください」

原価で仕入れた機械を他のメーカーに売ると、儲けは月数十万円にもなった。

手袋編み機の自動化を目指して、資本金一〇〇万円で地元和歌山市に「島精機製作所」を創業したのは、昭和三七（一九六二）年、二五歳の時だった。

翌年、目標にした機械が一応の完成を見、八〇台を販売したが、故障が相次ぎ、返品続出。翌昭和三九年の暮れには、資金繰りが苦しく、どうあがいても一二月二五日決済の六〇万円の手形が落とせそうもない。

「生命保険で払うしかない」。島は鉄道自殺を覚悟した。

ところが、クリスマスに奇跡が起きた。大阪の上硲《かみさこ》金属工業の社長が、一〇〇万円もの大金を貸してくれたのである。県や企業診断員の尽力の賜物だった。命拾いした島は、それから一週間、一睡もせずに機械の改良に没頭、大晦日の夕方、ついに「全自動手袋編み機」を完成させた。一気に編み上げるだけでなく、完全継ぎ目なし、つまり「シームレス」の手袋編み機である。軽快な音を立てて動く機械の周りを「できた、できた！」と跳ね回った。

年明けの一月三日に和歌山市内で展示会を開くと、「これなら工具や部品の取り扱いもしやすいから、能率と安全性が抜群によくなる」と高評を博し、その場で六〇台、二月に開いた全国向け展示会では一挙に五四〇台の注文を受けた。

価格三〇万円の三分の一を前受け金として受け取ったから、手形の代金はもちろん、

昭和37（1962）年創業当時の工場内風景

六〇〇〇万円もあった借入金もアッという間に返済できた。難局を乗り切ったのは、まさに島の技術力であった。

それからはフル操業の毎日だ。「一台完成するごとに給料の一パーセントの増産手当を出そう」。果実の分配を手厚くして社員を励ました。社を挙げて早朝から深夜まで必死に働き、生産性も飛躍的に高まって、この年の売上高は一億八〇〇〇万円に達した。

ファッションの多様化を予見
コンピュータの世界へ進出

ある日、セーターを見て、島はひらめいた。

「セーターを逆さに見ると大きな三本指の手袋じゃないか。手袋編み機の原理が応用できるぞ」

その着想で昭和四二(一九六七)年に開発したのが、世界初の「全自動衿編み機」である。手作業だった衿の編みを自動化しただけでなく、高速編成も可能としたニット編み機だった。昭和四六年には、パリで開催された第六回国際繊維機械見本市に全機種を出品、輸出も本格化して、年利益率五〇パーセントの状態が続いた。

しかし、昭和四九年、またもや会社存亡の危機に見舞われた。前年の石油ショックの影響が繊維産業に及んで受注が激減、おまけに労働争議まで起きたのである。右腕だった専務は心労で自殺、取引銀行からは「社員を半減して事業を縮小せよ」と迫られて、社の内外に動揺が広がった。しかし、島は「半分しか必要ないなら、残りの社員にはコンピュータを勉強させる」と踏ん張った。

この時も、会社を技術が救った。昭和五〇年に東ドイツ(当時)のライプチヒで開かれた共産圏最大のメッセに出品した「全自動ジャカード手袋編み機」がゴールドメダル賞を受賞、信用を取り戻したのである。

事業環境を見ると「高度成長、大量生産」が終わりを告げ、繊維は「構造不況業種」と言われていた。

「服の市場はなくならないが、ファッションは多様化する。多品種少量生産にはコンピュータの世界が適している」

そう考えた島は、昭和五三年に針の動きをコンピュータで制御する編み機SNCを開発した。多種多様なスタイル、サイズのセーターがほとんど人手なしで編めるという画期的なものだった。

島がコンピュータに関心を持ったのは昭和四六（一九七一）年と早い時期だった。きっかけは金沢市の石川製作所でオフセット印刷機を見たことだ。フルカラーの印刷物を拡大鏡で見ると、緑、青、赤の三原色と黒の四色の網点《あみてん》で、さまざまな色を出していた。じっと見ていると、網点の一つひとつが編み目に思えてきた。

「一本の糸で編み目を作るか作らないかを選択する〝編み〟と、一かゼロかの二進法のコンピュータはよく似ている。編みを構成する三要素（糸が表面に出るニット、糸をつかむタック、裏面にまわるミス）を網点に置き換えれば、コンピュータを編み機に使えるぞ！」

コンピュータグラフィックス（CG）という言葉さえまだ使われていなかったが、島はその発想を「シマトロニック」の名称で商標登録しておいた。

しかし、製品化に結びつけるのは簡単ではなかった。中学生の頃からコンピュータ好きでその才能を認めていた入社一年目の社員にCGを勉強させるため、アメリカに派遣し、「どんなに高価でもいい。これぞと思うものがあったら手に入れてこい」と言うと、米航空宇宙局（NASA）が使っていた画像処理の基板（グラフィックボード）を一五〇〇万円で買ってきた。それをもとにCGの研究を進め、昭和五六年に「シマトロニック・デザイン・システムSDS―一〇〇〇」を開発、後にNHKの大河ドラマ「八代将軍吉宗」や「秀吉」のタイトル、絵巻物の人物が動くCGも島精機が担当した。

しかし、CG開発に力を入れた島の最大の狙いは、コストがかかる実物のサンプル生産をなくすことにあった。「画面上でさまざまなデザインや編み方を試作し、そのデータを処理して編み機に取り込めば、画面で見たままが編める」と考えたのだ。

業界空洞化に危機感、夢の製品を開発
ファッションショーで機能アピール

ニット製品は、従来から現在に至るまでも、身頃と袖を別々に編んだ後、縫い合わせて仕上げるため、最大一七もの工程に三日を要した。円高と人件費の高騰で、アパレルメーカーは人件費の安い海外に工場を移したが、輸送に時間がかかるため、大量生産になった。

「これではニット産業が空洞化するだけでなく、在庫ロスの恐れがある。ファッションの多様化にも逆行する」

その危機感が、島を未来に向けたまったく新しい商品開発に向かわせた。

「人件費が高いところでも生産でき、多品種少量生産も可能にするには、無縫製の横編み機を作ることだ」

島はまず、編み針を変えた。それまで使われていたラッチニードル（ベラ針）は一五〇年以上前にイギリスで開発されたもので、編み機の針はフックとベラを用いるのだが、編み目を増減するために目を移すとゆがんだり、穴があいたりした。

これに対して、島が開発した新型の「スライドニードル」は、上下にスライドする方式で、針の稼動幅が短縮できた。その結果、スピードアップし、ニットの生産能力が飛躍的に向上しただけでなく、細かくきれいな編み目になり、編み方のテクニックが増えてデザインも自由自在という優れものだ。

平成七（一九九五）年に完成した「完全無縫製型コンピュータ横編み機」（「ホールガーメント横編み機」写真参照）は、コンピュータをフルに活かし、糸をセットしてボタンを押すだけでニットの服が縫製なしで編み上がるというものである。上質かつ均一の製品が効率的にできるだけでなく、裁断段階で三〇パーセントもあった原材料

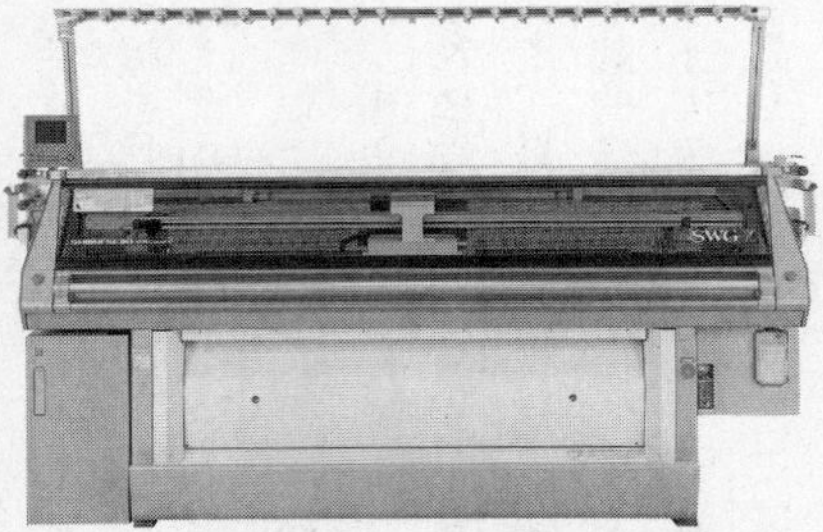
「無縫製型コンピュータ横編み機SWG-X」

ロスもなくなった。

ミラノで開催された国際繊維機械見本市に出展すると高い評価を得たものの、国内のアパレル業界からは「こんな平面的なものではダメ」と厳しい注文があった。

改良を重ねて二年後の平成九年一〇月、「これなら、人間の体に合った三次元の立体的なものが編める」という編み機「SWG－FIRST」を発売した。独自開発した「スライドニードル」を搭載し、編み目が安定するとともに、編成テクニックが従来の四倍に増えるなど、一台で従来機の何台分もの機能を併せ持つ。

しかし、なかなか注文がない。一台一五〇〇万円前後の投資に見合う効果があるかどうか、不安がられたのである。

「どんなに性能が優れた機械でも、そのよさをわかってもらわなければ買ってはもらえない。素晴らしいニット製品がいかに効率よくできるかを実感してもらおう」

平成一四（二〇〇二）年四月、島はアパレル関係者七〇〇人を招待して和歌山市内でファッションショーを開いた。披露した三六〇点のニットウェアは、社員たちがわずか一カ月でホールガーメント機で編んだものだった。島の戦略は見事に当たり、オンワード樫山、三陽商会など大手アパレルから次々に注文があった。ショーはミラノでも開催、各国のアパレル関係者がブースに殺到し、「産業革命に匹敵する革新的機械だ！」と最大限の賛辞を贈られ、五日間で一〇〇億円を超える商談が成立した。今ではベネトン、エルメス、マックス・マーラ、グッチ、プラダ、アルマーニなど世界のトップブランドも主要な顧客になっている。

島が世に出した夢の機械「ホールガーメント横編み機」は、労働集約的だったニット製作の自動化を実現しただけでなく、ニットに対する認識をも一変させたのである。

ホールガーメント横編み機は、その後も進化し続け、ファッションにも豊富なバリエーションが生まれた。ダーツやプリーツなどが編み込め、柄やデザインも、前身頃から後身頃、袖から肩へと、途切れずにできる。驚くほど軽いリバーシブルの製品も作れる。ハードではさまざまな制御装置を、ソフトではデザインやそのためのプログ

平成17（2005）年に開催されたファッションショーには
国内外から多数の招待客が訪れた

ラミングなど、トータルな技術提供をするために、機械の部品も七五パーセントは自社製品だ。

ホールガーメントは、必要な時に必要な製品を必要な数だけ作る「オンデマンド・ニッティング」が可能であるから、売れ残りのリスクをなくし、売れ筋への対応は素早くできる。また、基本のセーター以外に、マフラー、ネクタイ、コート、ワンピース、スカート、パンツ、靴下などさまざまなアイテムも編成できるため、同色・同柄・同素材のコーディネートが演出できる。

ニットのイメージを「防寒用の分厚いセーター」から「繊細でデリケートな、一見布地のようなもの」へと進化させ、生産効率、実用性、経済性、デザイン性のいずれにおいても満足度の高い「ホールガーメント」は、ニットメーカーやアパレルはもちろんのこと、小売りや消費者からも注目を浴び、多くの期待が寄せられている。

和歌山にとどまり魅力ある地域づくり目指す経営理念は「エバーオンワード」

和歌山市にある島精機の本社ビル。同社の編み機で作られた色とりどりのニット衣料が並ぶデザインセンターやサンプルルームは、ブティックと見まがうばかりだ。八〇カ国以上もの国でグローバルな事業活動を展開する一方、緑化活動や雇用の確保など、島は地元和歌山との共存、繁栄を図る。近年の日本は海外生産流行りである。とくにニット製品の国内生産比は二〜三パーセントにまで落ち込んでいる。

しかし、島に海外へ脱出する考えはない。「アパレルの重要な成功要因はセンスであり、消費地は感性の高い先進国である。消費者に近いところでこそ、魅力あるものが作れる」との信念からだ。和歌山を離れる気もない。東京支店にさえ滅多に顔を出さない。

「生まれ育った和歌山は自然に恵まれ、気候温暖で社員も暮らしやすい」

「そこに住む人々、そこで活動している企業が、自らやる気を持って取り組まなくて

「ホールガーメント」による各種のデザイン展示

は、魅力ある地域づくりはできない」

「情報は自由に入るし、独自の技術開発、販売戦略に努めれば、和歌山にいても十分世界と勝負できる」

そんな島を国内外から大勢のユーザーが訪ねてくる。島はシェフ五人、シニアソムリエ二人を擁する社内のレストランで、地元の旬の食材を使った料理でもてなす。

「美味しいものを食べないと、美しい服を着たいと思わないでしょ。それに、料理も仕事も、こだわってこそ、独自のいいものが生まれるはずです」

ここが、単なる発明の天才ではなく、優れた経営者であるゆえんだ。

「常に原点に戻る」「相手の立場に立って考える」が基本姿勢の島は、現場主義を貫く。現場を大切にし、工場や開発部門は一日一回、回る。研究開発でも陣頭指揮をとる。

五ミリの方眼紙と鉛筆は、島が立ち寄る社内の至るところに備えており、新しいアイディアが浮かぶとすぐに書き留める。現場で培った驚異的な職人技は今も冴え、「目の前にある物の大きさは、目で、手で測って、コンマ一ミリ単位でわかります」「フリーハンドでも〇・一ミリの誤差で図面を描けます」と言ってのける。

景気が悪くてモノが売れないと嘆く人は多い。しかし、島は「景気が悪くても、服は必需品です。赤ちゃんが服を着て生まれてこない限りは大丈夫ですよ」「不可能と言っている人は、やる気がないだけです。大事なのは、変化対応力。それを磨けば、時代に振り回されず、自ら時代を変える力が備わるものです」と言う。

「人と違うことをしたい」と、編み機のデザインや色にこだわり、すべて淡い色にしたが、それにも合理的な理由がある。

「黒なら、確かに汚れは目立ちません。しかし、汚れが目立てば、こまめにふいてもらえる。機械に愛情を持って接してもらえば、機械も調子がよくなります」

「エバーオンワード（限りなき前進）」

これが島の経営理念であり、常に新しい技術の開発を目指して、惜しみない努力と創意工夫で未知なる領域への挑戦を続けてきた。

その島が将来に楽しい夢を描いている。「店内に編み機を置き、採寸して、その場でお客さまのサイズと好みに合った製品を作る時代が来ますよ」と。それはアパレルだけでなく、流通にも大きな影響を与える可能性に満ちている。

「資源のない日本は、開発力、デザイン力、生産技術と、三拍子揃った知識集約型のものづくりに努めるべきです」

島精機のコンピュータ横編み機は実に国内で九割、世界で六割のシェアを有する。少年の日、機械に魅せられ、以来、編み機の発明・開発に携わってきた島正博。これからも類まれな発明家精神を発揮してさらなる可能性と夢を追い続け、時代の先頭を走り続けるに違いない。

日本で最初の警備会社を設立 〝安全〟を核に「社会システム産業」を構築

飯《いい》田《だ》亮《まこと》【セコム／創業者】

「日本では水と安全はタダ」と言われていた一九六〇年代はじめ、〝安心感を売る〟日本初の民間警備会社が若者らの手によって産声を上げた。飯田亮、当時二九歳。創業間もなく、機械警備システムを導入。技術と時代の流れをいち早く見抜いた飯田の未踏分野へのあくなき挑戦は、独創的なビジネスモデルを生み出し、セキュリティサービスを一大産業に育て上げた。

「前向きに生きよ」と父母の教え
父の姿が経営者としての原点に

社員数約一万三〇〇〇名（総グループでは約四万三〇〇〇名）の「セコム」は、今も未知の領域を求め、さらなる発展を試みる。その成長の軌跡を探るべく、東京・原宿の本社に、取締役最高顧問・飯田亮氏を訪ねた。

＊

飯田亮の魅力は、「明るさ」「明快さ」「意思の強さ」だが、それらは、子どもの頃にすでに体得していたようだ。

昭和八（一九三三）年四月一日、東京・日本橋に生まれた。生家は住み込みの従業員が三〇人もいる酒問屋「岡永《おかなが》商店」（現・岡永）。男ばかりの末っ子（五男）で「おもちゃの光る刀で、よくチャンバラをやったなァ」と、当時を楽しそうに振り返る。

のびのびと育ったが、両親のしつけは厳格だった。ある日曜日、郊外にでかけた帰り道、くたびれて駅のホームでしゃがみ込んだ飯田に「しゃがむんじゃない！」と父の大きな声が飛んだ。「しゃがんでいる人を見ろ。あんなだらしない顔になるぞ」。また、別の日には、考え事をしてフーッとため息をついた途端、「ため息なんかつくんじゃない」と母にすごい剣幕で叱られた。

「気を張って前向きに生きろ」という両親の教えに加え、湘南の輝く太陽や海もまた、大きな影響を与えたに違いない。第二次大戦中、空襲で家が焼け、神奈川県葉山の別荘に避難した飯田は、名門・湘南中学に入学、四カ月余りで終戦を迎えたが、高校卒業までを葉山で過ごしたからだ。

　青春時代の飯田は絵に描いたような湘南ボーイだった。湘南高校ではラグビー、学習院大学ではアメリカン・フットボールに明け暮れ、夏休みは毎日のようにヨットで海に出て思う存分楽しんだ。アメフト部を創設しキャプテンを務めたことは、皆をまとめる組織運営の感覚も養ったが、経営者としての原点は父の姿から学び取った。

　戦後、ヤミ取引で稼いだ成り金も大勢いた中、父は「間違った商売は必ずダメになる」と、酒類の統制が解除されるまで、家具や菓子の販売という〝まっとうな商売〟を貫き、岡永商店を見事に再建した。父が身をもって示した真の〝商人道〟は、飯田の記憶に強く刻まれたのである。

　大学を卒業すると、飯田は「岡永商店」に入社した。「俺が商売を仕込んでやる」と父に言われたからだが、最初の一年は来る日も来る日も、酒や醤油の箱を倉庫から出し入れする肉体労働である。一升瓶が一〇本入る箱を一〇〇〇箱担いだ日もあった。

二年目からは営業に移ったが、食料品の卸売りでは、缶詰の記号の意味もわからず、二、三カ月は売上ゼロ。それだけに、初めて売れた時の嬉しさはひとしおだった。

やがて酒屋も担当するようになり、次第に〝売る〟面白さに取り付かれた飯田は、横浜、立川、都心と広い担当区域を毎日オートバイで駆け回った。しかし、掛売りだったため、貸し倒れに悩まされ、「代金が回収できないのでは不合理だ。自分で事業をやる時は現金決済か前金制で」と心の中で固く誓った。

数年すると独立を考えるようになった。中学受験の時、面接官が言った言葉が忘れられなかったからだ。あの時のことは今でもハッキリ覚えている。

「受験番号は最後でね、暮れなずむ頃、ようやく番が回ってきた。『五五二番、飯田亮、入ります。将来の志望は海軍士官であります！』って言ったんですよ。すると先生が『嫌になっちゃったよ。最初から最後まで海軍士官と陸軍士官か。たまには実業家や外交官を目指すのがいてもいいのに』って。びっくりしたねェ。それ以来〝実業家〟の三文字が頭にこびりついちゃったんだよ」

警備会社の存在に注目、盟友と会社設立
創業三カ月後にようやく初契約

大学で一年先輩の戸田寿一は無二の盟友だった。外資系の航空会社や旅行代理店で働いていた戸田が遊びに来ると、倉庫の酒を失敬して酌み交わし、将来を語り合った。ボウリング場、証券会社、通信販売とアレコレ考えたが、いまひとつピンとこない。ある日、欧州旅行から帰った友人と戸田と三人で鳥鍋屋で飲んだ時、「ヨーロッパには警備会社っていうのがある」とその友人が言った。

「これだ！　日本にはない事業だ。安心という商品を売ろう！」

飯田は即断した。

「当時、日本は世界一安全な国でしたが、治安がよいことと安心感は別。安心というのは、カネを払い、権利があってこそ得られるものですよ」

父に独立を切り出すと、「電話帳にも載っていない商売はダメだ。言うことを聞かないなら一切面倒も見ない」と猛反対された。しかし、飯田の気持ちは揺らがなかった。実家の酒問屋を飛び出し、戸田とともに「日本警備保障」を設立したのは、昭和

日本警備保障創立２周年の記念式典。左から２番目が飯田

三七（一九六二）年七月七日、二九歳の時だった。

「他国の実例を見るとそれが基準になってしまい、自分で自由にデザインできなくなるので、現地視察もしませんでしたね。〝ユニーク（特異性）〟がビジネスの要諦ですよ」

新聞に小さな求人広告を出して社員を募集したが、弁護士などにならって「警務士」としたのが効を奏し、約四〇〇名もの応募があった。そのうち二名を採用、合計四名で業務を開始した。

理想に燃えて会社を設立したものの、すぐに大きな壁にぶつかった。飛び込みで企業を駆け回ったが、まず、警備事業の意義を理解してもらうのが大変だった。当時（一九六〇年代前半）、企業では宿直制度や警備員の直接雇用など、自前で警備をしていたからだ。

「三カ月分の前金制」にも抵抗された。わが国の商慣習を無名の二九歳の男が破ろうとするのだから、相手が不安がったのは当然で、「後払いなら……」「試しに一カ月無料でやってみろ！」と言われることも多かった。しかし、岡永商店時代の苦い経験から「絶対に前金制」と心に決め、自分のビジネスモデルを貫徹する姿勢を崩さなかった。

ようやく初契約にこぎつけたのは、創業から三カ月後の昭和三七年一〇月。相手は小さな旅行会社で、一晩に四回の巡回警備、料金は月二万四〇〇〇円強だった。

「嬉しかったですねえ。こちらも変わってたけど、あの会社も、日本で初めてナマコを食べた人みたいに変わってたと思いますよ」。飯田は愉快に笑う。

翌昭和三八年には百貨店の伊勢丹と常駐契約を結ぶなど、契約も徐々に増え、必要に応じて社員を採用した。飯田は自ら業務を教えたが、最も神経を使ったのは規律やモラルの維持である。

晴海の東京国際見本市会場の警備を請け負っていた時、出入業者から一〇〇円を受け取っていた警務士を飯田は即座に解雇した。また、あるプールの警備で靴を脱ぎ、水虫の薬を塗っていた社員もクビにした。いざという時に現場へ急行できないからだ。情を廃し、厳しすぎるほどに対応したのは、顧客から鍵を預かる警務士には信用・信頼が何より大切と考えたからだ。

「企業は〝組織〟で決まる」と飯田は言う。〝組織〟とは〝構造〟ではなく、〝人づくり〟を意味する。

「社員に思うように働いてもらうためには、基本的な考え方や倫理観を会得させることが大切です。教育投資なしには企業は伸びません」

五輪とドラマで大ブレイクも中傷と不祥事で会社存亡の危機

昭和三八（一九六三）年の暮れ、東京オリンピック委員会から大型商談が舞い込んできた。「整備段階からの選手村や、開幕後のいくつかの競技施設の警備をしてほしい」という。翌年一〇月開催の東京オリンピックは、国家的大イベントだったから、ビッグチャンスである。

しかし飯田は、「本当は受けたくなかったのです。一定の期間で終わってしまうものですからね。それでいて、社員は相当数増やさなくてはなりません。今でもそうですが、賽の河原を積むような無駄な努力はしたくなかったのです」と当時を振り返る。やむなく受注し、ピーク時で一〇〇人近くの警務士を配備したが、閉幕後も社員を食わせていけるか心配で、営業に駆けずり回った。

しかし、「結果としてはいいタイミングでした。マスコミに取り上げられ、大会後は組織委員会から感謝状を授与されて、知名度や信頼度が格段に高まりましたから」。単独で警備を担当したオリンピック閉幕後、帝国ホテルやそごうなど有名大企業と次々に契約を結び、昭和三九年一二月末には社員数一六二人でも要員不足の状況になった。

同年暮れには「テレビドラマのモデルにしたいので協力してほしい」と、これまた思いがけない申し入れがあった。大都会に渦巻く犯罪に敢然と立ち向かう男たちを描いたドラマだという。ここでも飯田は慎重だった。創業から三年間、営々と積み上げてきた信頼感が崩れては困る。タイトル、内容、言葉遣いまで細かく注文をつけた。当初案の「東京用心棒」を「ザ・ガードマン」と変えて翌年四月に始まった番組は三五〇回も続き、そのうえ、視聴率も四〇パーセントに達するお化け番組となって、「ガードマン」すなわち「警備士」という新職種は日本中に知れ渡った。

オリンピックとドラマの効果で急成長し、昭和四〇年一二月期決算で売上高は前年比八八パーセント増の約一億八四〇〇万円となった。しかし、好事魔多し。急成長の途中で会社存亡の危機に相次いで見舞われる。

第一弾は労働組合の反乱だった。一部の組合員が「飯田はボンボン育ちだから経営者として失格だ。我々と直接契約すれば、警備料を安くできる」という手紙を顧客企業に送り付けたのである。労使関係のゴタゴタは会社の信用を失墜させ、致命傷にさえなりかねない。飯田は顧客と組合員をひたすら説得し、何とか事態を収束させた。

しかし、最大の危機はその後である。昭和四一(一九六六)年九月の終わり、社員が警備先の伊勢丹から宝石類を盗んで逮捕されたのだ。仰天した飯田は伊勢丹に駆け込み、平身低頭詫びて帰った。ところが、それから約一カ月の間に五、六件の窃盗事件が立て続けに起こったのだ。新聞に「またガードマンが窃盗」と書き立てられ、被害企業に謝罪に行くと、本を投げつけられたりもしたが、言い訳はできない。

「もはやこれまでか」と思った飯田を支えたのは社員たちだった。動揺もせず、退職もなく、危機感をバネに社内の結束が固まったのである。

一連の窃盗事件は、組織の緩みが原因と反省した飯田は、地に落ちた会社の信用を挽回すべく、研修に一段と力を入れ、社員に規律とモラル遵守を徹底するとともに、一〇〇〇人の社員とビールを飲みながらじっくり話し合った。

幸い、契約のキャンセルもなかったが、「安全」という商品の品質を向上させつつ最少の費用で提供するには、機械化による大幅な経営転換が必要と感じた飯田は、その具体策の取り組みに向かった。

将来を見越して機械警備に転換
連続射殺犯の逮捕で認識が一変

東京オリンピックの警備を引き受けた昭和三九（一九六四）年頃、飯田にはすでに機械警備システムの着想があった。センサーと専用通信回線を使って遠隔監視し、異常が発生した時にガードマンが駆けつけるという仕組みである。

「人手のままでは、社員はいずれ一〇万人以上になって効率が悪いうえに、費用・料金が高騰します。それに、四六時中、人間が見張っている必要はないのです」

感知した異常を電気信号として送り出す制御機もなかった当時、技術と時代の流れをいち早く見抜いて、早くもネットワーク事業の将来性に着目したところに飯田の慧《けい》眼《がん》があった。

しかし、その実現は簡単ではなかった。エンジニアは、泥棒侵入後の経路まで分析できる複雑な試作品を作るものの、その見積り額は予想の一〇倍。「異常の発生だけわかればいい」と再依頼して、ようやく目算通りに仕上がった。

また、当時の法律は、専用回線を借りた者が他人に回線を使用させることを禁じて

日本初のオンライン警備システム
「SPアラームシステム」管制センターの様子

いた。飯田は電電公社（現・NTT）に日参、ようやく回線を確保した。

「機械は売るのか、レンタル制か」にも迷った。売れば資金繰りは楽だが、故障した時、即座に修理もできない。そもそも、売るのは〝安全〟であって、〝機械〟ではない。結局、保証金五万円のレンタル制にした。

昭和四一年六月、わが国初の〝オンラインによる安全システム〟「SP（セキュリティ・パトロール）アラームシステム」を開発、契約第一号を三菱銀行（現・三菱東京UFJ銀行）東池袋支店と交わした。しかし、その後はさっぱりで、「機械で警備ができるのか」と皆冷ややかだった。

そんな認識を一変させたのが、昭和四四年四月の出来事である。東京・千駄ヶ谷の専門学校から警報が発せられ、急行したガードマンが侵入者を発見。賊は逃走したが、通報を受けた警察が数時間後に逮捕したのは、なんと、一カ月間に四人を射殺して日本中を恐怖に陥れた「一〇八号連続射殺魔事件」の犯人。逮捕のきっかけを作ったSPアラームは、一躍脚光を浴びた。

〝捨てる〟ことをためらわず経営転換　社業退いても、企業家として燃える

昭和四五（一九七〇）年、「過去に固執していてはダメだ」と、飯田は「機械警備一本やり」への大転換を決断した。機械警備の四倍あった巡回警備をあっさり捨てるいさぎよさ。比類のない資質が時代の波を変えていく。

〝人手〟から〝機械〟への経営転換は見事に成功、急速にSPアラームシステムが普及すると、将来に備えて国内で最多の専用回線を確保。東京・晴海を手始めに、各地にコンピュータを活用したコントロールセンターを開設した。情報化社会の黎明期に、その動脈を手中にしたのである。

こうなると、社名が「日本警備保障」では古臭い。広告会社に新社名の考案を依頼すると「セキュリティ」と「コミュニケーション」を略した「セコム」という案が出

てきた。

「いい名前だと思いましたが、それまでの社名にも愛着があって、〝セコム〟はブランドとして使用しました。〝日本警備保障〟からの正式な社名変更は一〇年後の昭和五八年一二月でしたが、翌年五月に第二電電（現・KDDI）設立発起人に参画した際、新聞にすべて〝セコム〟と書かれましたから、広告なしでも周知されましたね」

昭和五一年、専務の垂井一郎を社長に指名し、飯田は四二歳で会長になった。あまりにも若い社長退任だったが「いろんな事業を展開したかったので……。社長のままでは雑務に追われて、やりたいこともできません」と飯田はその理由を語る。

会長になってからは家庭市場への進出に取り組み、昭和五六年一月、「マイアラーム」（後のセコム・ホームセキュリティ）を発売した。しかし、カネを払ってまで自宅を守ろうという人は少ないうえに、鍵を預けることへの抵抗も大きかった。どうすべきか思案していたある日、宴席で店の従業員が「あんた、セコムしてきた？」と話しているのを耳にした。そこから生まれた名コピーが「セコムしてますか」だ。

昭和四九年六月に東京証券取引所第二部に上場していた同社は、昭和五三年五月には一部に昇格、その後、巨人の長嶋茂雄選手（当時）が出演したテレビコマーシャルの効果や地道な営業活動が奏効し、契約数は順調に伸びた。ホームセキュリティは平成一五（二〇〇三）年に一〇万件を突破、法人を合わせた平成十九年三月末の機械警備契約数は一一二万一〇〇〇件に上る。

平成元（一九八九）年一月、飯田は「社会システム産業」を宣言した。「困ったとき頼られる会社」を目標に、セキュリティ・システムを核とし、社会生活に必要不可欠な情報、医療、教育、不動産、損害保険などのサービスを融合させようというものだ。

「セコムの社員七割は〝中途採用〟。年功序列もありません」

「投資・支出予算は組みません。〝これは本当に必要か、この額でいいか〟、真剣に考えるためです」

飯田（右）と盟友・戸田寿一（現・取締役最高顧問）。昭和42（1967）年頃、当時本社のあった神田にて

遠隔画像診断支援サービス、深夜営業店舗の強盗事件を抑止する画像監視システム、移動する人や車両向けセキュリティサービス……と、既成概念を破った斬新な発想・経営で、飯田は柔軟な企業体質、独創的なビジネスモデルを生み続けた。最近の新築マンションのほとんど

にセキュリティ・システムが装備され、「安心を買う」は人々のごく普通の感覚となっている。

セコム成長の最大の要因は「安全・安心を売る」というコンセプトが揺るがず、常に顧客の立場でサービスを考え、創造してきたことだろう。

「セコムは、私がいなくてもまったく困りません。伝道師が大勢いて、セキュリティという仕事の理念や倫理観などが組織に引き継がれ、浸透していますから」

平成九年に六四歳で会長も退いた飯田は、小泉政権の特殊法人等改革推進本部参与会議座長をはじめ、さまざまな公職を務める一方、地雷除去活動の支援も行った。

しかし、「今でも一番夢中になるものは事業です」と言い切る。骨の髄まで〝企業家〟だ。

日本になかったセキュリティ事業を一からデザインしてその歴史を切り拓き、一大産業、さらには「社会システム産業」にまで高めたビジネスクリエーター・飯田亮の事業変革は、まだまだ続く。

「壁にぶつかったら体当たりしろ　苦しめ！　そうすれば知恵が出る」

本田技研工業／創業者　本田宗一郎《ほんだそういちろう》

一介の自動車修理工から身を起こし、強烈な個性と独創性を発揮して、〝世界のホンダ〟を一代で築き上げた本田宗一郎。時に破天荒ながら、失敗を恐れず可能性を追求し続けたその生涯は、今も多くの人を魅了する。

宗一郎のチャレンジ精神に関するエピソードは数多いが、なかでも、TTレースの話はスケールにおいても困難さにおいても、際立っている。

国内でさえ、まだ「ホンダ」の知名度はほとんどなく、しかも巨額の設備投資のツケで倒産の危機に瀕していた昭和二九（一九五四）年、宗一郎は社の内外に向かって宣言した。

「イギリス・マン島TTレースに出場する。そして優勝する！」

〝オートバイのオリンピック〟といわれるロードレースである。世間からは「身のほど知らず」と、もの笑いの種になった。しかし、「無謀、不可能」と言われれば言われるほどファイトを燃やし、「完走できるだけでも世界に認めてもらえるんだ。そうなりゃ輸出もできるぞ」と、社員と同じ作業服を着て連日工場で徹夜し、激論を戦わせ、技術を磨き上げていった。

「おい、もっとエンジンの回転を上げろ！」

「バカヤロー！　そんなチェーンじゃダメじゃねえか！」

怒鳴り声が響き、口より先に手が出た。昭和三四年の初出場では六位だったが、二年後には一位から五位までを独占して完全優勝を果たし、二輪車で名実共に世界のトップメーカーになった。

かつて、生産現場こそが、進歩発展の源泉だった。研ぎ澄まされた感覚がちょっとした音や空気の違いも見逃さなかった。

近年、日本の製造業は、安い労働力を求めて海外移転が進んでいる。国内の生産ラインでもロボットやNC（数値制御）マシンが活躍し、効率化と省力化が重視されている。だが、挑戦と挫折を経て個性ある技術が生み出されるのは、人が関わる実際の現場においてしかない。

宗一郎は現場主義に徹した。床に這いつくばい、機械の油にまみれ、手は傷だらけになった。そんな宗一郎を、日本楽器製造（現・ヤマハ）の社長・川上嘉市は「昭和のエジソン」と呼んだ。しかし、宗一郎は生まれつきの天才というわけではない。彼の驚異的な創造性は、日々の仕事の中で、熟慮と試行を繰り返して生み出されたものだ。

「壁にぶつかったら体当たりしろ。苦しめ！　そうすれば知恵が出る。しかし、やみくもに突き進んでもダメだ。理論がなくっちゃあな」

宗一郎の言う「理論」は「学問」ではない。「経験から得た知識、そこから引き出された信条」だ。異才と呼ばれるゆえんは、そのあたりにもある。

「おまえ、なにやってんだ！　こんなものをお客に売れるか。捨てちまえ！」

宗一郎はよく社員を殴った。目に涙を浮かべ、それでも怒ったのは、完璧を求め、小さな部品にまでこだわったからだ。

遠大な目標を設定して、妥協も手抜きもしなかった宗一郎。そのDNAは「チャレンジ精神、技術力、独創性、あきらめない（失敗学）、信念を貫く」という「ホンダイズム」として、今も〝ホンダの現場〟に引き継がれている。

本書は財団法人中小企業災害補償共済福祉財団発行の『さやか』『あんしんＬｉｆｅ』に連載された「決断のとき─企業家烈伝」および「経営の神髄〜名訓に学ぶ」をまとめ、日経ビジネス人文庫のために新たに編集したものです。

日経ビジネス人文庫

にっぽん企業家烈伝《きぎょうかれつでん》

2007年10月1日 第1刷発行

著者
村橋勝子
むらはし・かつこ

発行者
羽土 力

発行所
日本経済新聞出版社
東京都千代田区大手町1-9-5 〒100-8066
電話(03)3270-0251 http://www.nikkeibook.com/

ブックデザイン
鈴木成一デザイン室

印刷・製本
凸版印刷

Printed in Japan ISBN978-4-532-19417-8
読後のご感想をホームページにお寄せください。
http://www.nikkeibook.com/bookdirect/kansou.html

奥田イズムがトヨタを変えた

日本経済新聞社＝編

あの時奥田氏が社長にならなかったら、今のトヨタはなかった。奥田社長時代を中心に最強企業として君臨し続ける秘密に迫る。

ゴーンさんの下で働きたいですか

長谷川洋三

短期間に黒字転換に成功した日産自動車。カルロス・ゴーンはこの会社をどう変えたのか、日本の会社はみな日産のようになるのか。

トヨタを知るということ

中沢孝夫・赤池 学

トヨタの強さは環境変化にすぐ対応できる柔軟性にある。製造現場から販売まで、徹底取材をもとに最優良企業の真髄に迫る。

カルロス・ゴーン経営を語る

カルロス・ゴーン
フィリップ・リエス
高野優＝訳

日産を再生させた名経営者はどのように困難に打ち勝ってきたのか？ ビジネス書を超えた感動を巻き起こしたベストセラーの文庫化。

トヨタ式 最強の経営

柴田昌治・金田秀治

勝ち続けるトヨタの強さの秘密を、生産方式だけではなく、それを生み出す風土・習慣から解き明かしたベストセラー。

日産最強の販売店改革

峰 如之介

店長マネジメント改革を中心に、女性スタッフ育成、販社の統合再編など、正念場を迎えたゴーン改革の最前線をルポルタージュ。